© Elisabeth Fall

...ED LUSKIN es autor del bestseller *Forgive for Good* (Perdone ...re) y es director de los Proyectos de Perdón de la Universidad ...d. Es uno de los expertos a nivel mundial en la enseñanza y la ...ón del perdón, y es un conferencista altamente solicitado. ...erencias en todo Estados Unidos sobre el manejo del estrés, el ... de la competencia emocional, y cómo aumentar emociones positivas. Luskin tiene un Doctorado en Filosofía en consejería y sicología de la salud de la Universidad de Stanford y es profesor asociado del Instituto de Sicología Transpersonal.

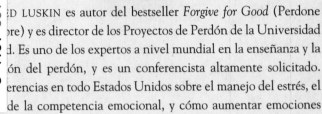

© Elisabeth Fall

El DR. KENNETH R. PELLETIER es profesor clínico de medicina en la Escuela de Medicina de la Universidad de Arizona y en la Escuela de Medicina de la Universidad de Maryland. También dicta conferencias sobre medicina familiar y comunitaria en la Escuela de Medicina de la Universidad de California, en San Francisco. Pelletier es autor de varios libros, que incluyen el bestseller a nivel internacional *Mind as Healer, Mind as Slayer* (Mente que Cura, Mente que Hiere); *Sound Mind, Sound Body* (Mente Sana, Cuerpo Sano); y *The Best Alternative Medicine* (La Mejor Medicina Alternativa). El Dr. Pelletier es presidente de la Asociación Americana para la Salud y vicepresidente de Healthtrac.

Sin Estrés
de Una Vez

Sin Estrés de Una Vez

10 ESTRATEGIAS PARA OBTENER SALUD Y FELICIDAD EN SU VIDA

Dr. Fred Luskin y
Dr. Kenneth R. Pelletier

Traducido del inglés por Ana del Corral

rayo

Una rama de HarperCollinsPublishers

Los libros de HarperCollins pueden ser adquiridos para uso educacional, comercial o promocional. Para recibir más información, diríjase a: Special Markets Department, HarperCollins Publishers, 10 East 53rd Street, New York, NY 10022.

Este libro fue publicado originalmente en inglés en el 2005 en Estados Unidos por la editorial HarperCollins.

PRIMERA EDICIÓN RAYO, 2006

Library of Congress ha catalogado la edición en inglés.

ISBN-10: 0-06-084544-9
ISBN-13: 978-0-06-084544-5

06 07 08 09 10 DIX/RRD 10 9 8 7 6 5 4 3 2 1

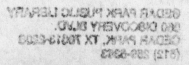

Para Elizabeth

"Para siempre y un día más . . ."

Contenido

Prólogo

Es para mí un gran placer escribir este prólogo a *Sin Estrés de Una Vez* puesto que se trata verdaderamente de una obra sin par, que ofrece pasos claros y prácticos y "Destrezas Vitales" que las personas pueden utilizar para efectuar cambios saludables en su estilo de vida. Efectuar cambios positivos en la vida es de hecho una tarea muy difícil tanto para los pacientes como para los médicos. A pesar de las buenas intenciones, hay demasiados fracasos. Este libro está basado en más de veinte años de experiencia clínica así como en un gran proyecto de investigación que se llevó a cabo en la Escuela de Medicina de la Universidad de Stanford. Aun más importante es que está basado en ciencia sólida. *Sin Estrés de Una Vez* logra que el uso de las herramientas de la medicina mente/cuerpo sean lo más fácil posible.

Muchos libros que se han escrito sobre la plaga moderna del estrés y de la enfermedad de la prisa ofrecen un enfoque cuya propuesta es solo reducir el estrés. Se limitan a proponer los medios necesarios para soportar la vida. *Sin Estrés de Una Vez* va más allá, pues le proporciona al lector las habilidades necesarias para lograr salud óptima y satisfacción emocional. Cualquiera puede aprender a utilizar estas destrezas, y el lector puede empezar en cualquier punto que le funcione. Puede empezar con una meditación, o aceptar lo que no puede cambiar, o sencillamente apreciar el momento presente. Entonces el primer paso crece y se enriquece con los otros pasos hasta que la práctica se convierte en parte integral de su vida diaria. Encontrará en estas páginas ejemplos de personas que han efectuado con éxito cambios de vida. Considero *Sin Estrés de Una Vez* una contribución importante al campo de la medicina integral.

La medicina integral es hoy en día el sector de la asistencia sanitaria que más rápidamente crece en los Estados Unidos. A pesar de las continuas objeciones por parte de la retaguardia del establecimiento científico, muchos médicos con miras al futuro reconocen las virtudes de combinar la medicina convencional con la medicina alternativa. En cuanto a los consumidores, millones están votando con los pies y con la chequera a favor de tratamientos diferentes a aquellos que los médicos convencionales están entrenados para ofrecer. La medicina integral ya está claramente ubicada dentro de la corriente principal. Además, lo que está sucediendo en los Estados Unidos, está sucediendo en países de todo el mundo. De hecho, algunos países—principalmente Alemania y China—nos llevan la delantera en reconocer la validez de las terapias integrales. En los Estados Unidos, los Institutos Nacionales de Salud han creado el Centro Nacional de Medicina Complementaria y Alternativa (NCCAM, por sus siglas en inglés). Ahora existe un nuevo Consorcio de Centros Académicos de Salud Integral que incluye veinticinco de las principales escuelas de medicina de los Estados Unidos. Claramente, este movimiento no es una moda pasajera sino más bien una tendencia global sociocultural y profesional que tiene profundas raíces históricas e intelectuales. En los Estados Unidos, el cambio se inició en los años 60 cuando se perdió la fe ciega que se tenía en la tecnología. Hasta ese momento, nuestra cultura estaba cautivada por el sueño tecnológico, la creencia de que la ciencia y la tecnología eliminarían todos los males de la humanidad, incluyendo la pobreza, el analfabetismo, la enfermedad y posiblemente hasta la muerte. La ciencia y la tecnología revolucionaron la medicina al final del siglo diecinueve y a lo largo de la primera mitad del siglo veinte, haciendo posible que se dieran grandes pasos en dirección a comprender la biología humana e intervenir en casos de enfermedad. Luego en los años 60 apareció la conciencia de que la tecnología crea tantos problemas como los que resuelve. En la medicina, el problema creado es un gasto que se ha vuelto intolerable. Nos enfrentamos a los costos incontrolables del cuidado en salud y a un número inaceptablemente grande de ciudadanos sin seguro médico. En todas partes del mundo, los sistemas de cuidado médico están en vías de descomponerse a medida que los costos de la medicina convencional aumentan.

Desafortunadamente, la respuesta predominante en los Estados Unidos a este problema económico ha sido que las corporaciones asuman los servicios de la salud. Las personas que ahora manejan las instituciones de asistencia sanitaria están interesadas solamente en sacar el provecho que puedan. La administración de los servicios de salud está conduciendo a muchas personas, médicos y pacientes por igual, a la infelicidad. Los médicos resienten la pérdida de autonomía y su incapacidad para ejercer la medicina de la forma como imaginaron que sería cuando eran estudiantes idealistas. Los pacientes están cada vez más enojados por la impersonalidad de la atención y el escaso tiempo que los médicos le dedican al paciente. Esta frustración es sin duda una de las razones por las cuales muchos están buscando alternativas.

Pero hay otras razones más de fondo por las cuales está en aumento la popularidad de las ideas y prácticas descritas en este libro. Cuando hace cientos de años la medicina abrazó a la tecnología, le dio la espalda a la naturaleza y a todas las formas simples y económicas de influir sobre la salud y la enfermedad y que eran utilizadas por las generaciones previas, muchas de las cuales todavía están vigentes en otras culturas. También perdió el contacto con los más elementales preceptos de su propia tradición histórica. Al fin de cuentas, Hipócrates instaba a los médicos, en primer lugar, a no hacer daño a la naturaleza y a reverenciar su poder curativo. La gente en todas partes del mundo está cada vez más preocupada por el daño infligido por la medicina moderna tecnificada, especialmente por las reacciones adversas de los medicamentos. Al tomar la decisión de qué introducir en su cuerpo, tienen la inclinación a adherirse a la sabiduría de la naturaleza. Al igual que yo, muchos también están fascinados por las interacciones entre la mente y el cuerpo y muy interesados en la espiritualidad. Están desilusionados con una medicina que enfoca a los seres humanos como si fueran solamente cuerpos físicos.

Durante decenios, he sido un apasionado proponente de la medicina integral porque la veo como el camino del futuro. Regresará la medicina a su equilibrio, restaurando su conexión con la naturaleza, reenfocándola en la salud y en la curación—en lugar de enfocarse solamente en la enfermedad—y satisfaciendo las necesidades de los consumidores. En la Escuela de medicina de la Universidad de Arizona en Tucson, dirijo el Programa de medicina integral, el primero de su clase, y que ahora forma médicos y desarrolla nuevos modelos de educación médica. Varias principales escuelas de medicina han indicado su intención de tomar este rumbo. La mayor parte de los pacientes que llegan a nuestra clínica, al igual que la mayoría de los pacientes que acuden a proveedores alternativos en general, pagan de su bolsillo. Esto limita a los pudientes la disponibilidad de la medicina integral y si no escapa a esa limitación, no tendrá la influencia necesaria para corregir el curso de la medicina. Si la medicina integral no puede ser incorporada a la realidad de la administración de la salud, seguirá siendo una novedad y no una tendencia de la corriente principal.

Hace treinta años conocí al Dr. Kenneth R. Pelletier en una conferencia sobre medicina "holística" en 1974. Este movimiento médico de aquellos días era una señal temprana de la desilusión que iba en aumento, aunque sin la crisis económica del momento, fue muy fácil para la mayor parte de los médicos y administradores médicos hacer caso omiso de esta o percibirla apenas como un movimiento marginal. No obstante, tanto Ken Pelletier como yo vimos las cosas de otro modo y comprendimos que era la semilla de algo de gran importancia. Tres años después, Ken publicó su clásico éxito internacional, *Mind as Healer, Mind as Slayer* (Mente que sana, mente que lastima), que definió el campo emergente de la medicina mente/cuerpo. Ese campo es ahora el elemento central de la medicina integral, el que tiene el mayor potencial de cuestionar los postulados subyacentes del sistema convencional. También es el componente de la medicina integral que está respaldado por la mayor cantidad de investigación que demuestra su eficacia en relación con el mayor número de condiciones. Siempre haciendo uso de la ciencia de la corriente central, el trabajo de Ken Pelletier sigue sentando las bases para nuestra comprensión de la medicina mente/cuerpo y para su aplicación.

Durante muchos años he visto el trabajo de Ken Pelletier como algo esencial para el desarrollo de la clase de medicina que me gustaría ver. En *Sin Estrés de Una Vez,* trabajó con su colega, el Dr. Fred Luskin, de la Escuela de medicina de la Universidad de Stanford, para crear el libro definitivo sobre las aplicaciones de la medicina mente/cuerpo. Lo que han hecho estos dos es convertir las destrezas mente/cuerpo en algo tan simple que todo el mundo las pueda utilizar inmediatamente. Este libro lleva a su conclusión lógica el trabajo del Dr. Pelletier. La medicina mente/cuerpo ahora está disponible en un formato fácil de entender, accessible para el lector y listo para usarse. Más importante aún, los doctores Pelletier y Luskin han investigado cuidadosamente la efectividad de *Sin Estrés de Una Vez,* así que ¡sabemos que funciona!

Tan solo unas semanas atrás, tuve el placer de leer un esclarecedor libro del Dr. Luskin titulado *Forgive for Good* (Perdone para siempre). Su primer libro demostraba la capacidad de las personas para perdonar insultos e injurias del pasado y en el proceso mejorar su propia salud. Ahora Ken y Fred han unido esfuerzos y han escrito este deleitable libro de verdadera sabiduría con el poder de mejorar la salud física, mental, emocional y espiritual del lector. Más importante aún, estos dos destacados investigadores y clínicos en el tema mente/cuerpo han condensado ideas complejas para crear una serie de sencillas pero poderosas Destrezas Vitales para utilizar a diario. Estas destrezas son fáciles de entender, se aprenden con rapidez y arrojan poderosos resultados. Por último, *Sin Estrés de Una Vez* está basado en decenios de práctica e investigación clínica así como en los más recientes resultados del programa Destrezas Vitales en la Escuela de Medicina de la Universidad de Stanford, de modo que está comprobado que funcionan.

Sin Estrés de Una Vez contiene información creíble de primera categoría así como destrezas prácticas en las cuales los lectores pueden confiar. Ofrece historias creíbles de personas reales que han recibido ayuda. Lo sé, porque en mi propia práctica clínica, muchos de mis pacientes me cuentan las mismas historias. Finalmente, *Sin Estrés de Una Vez* será de valor incalculable para educadores, médicos en práctica, aseguradores, y para administradores y compradores de planes de salud a medida que luchan por ayudarles a individuos que sufren a llevar vidas más satisfactorias. *Sin Estrés de Una Vez* es una obra importante que dará un inmenso relieve al movimiento hacia la medicina integral sensata. Y, lo que es quizás más importante, el verdadero beneficio para usted como lector es que les ayuda a los individuos a lograr vidas más saludables, más felices, más satisfactorias y más productivas.

Andrew Weil, M.D.
Director, Programa de Medicina Integral
Profesor Clínico de Medicina Interna
Escuela de Medicina de la Universidad de Arizona
Tucson, Arizona

Introducción

No podemos imaginar que haya habido una época en la que más personas supieran sobre el estrés o en la que hubiera más libros y clases sobre cómo manejarlo. Los hospitales dictan clases sobre el estrés, la meditación y el manejo de la ira. Hay más consejeros y terapeutas que nunca antes, y los periódicos y las revistas todas ofrecen artículos acerca de las estrategias para el manejo del estrés y para mejorar la calidad de vida. Los estadounidenses pueden incluso ir a cualquier almacen para comprar implementos relacionados con la práctica del yoga, y en muchas farmacias se venden sin receta médica "pastillas para el estrés" a base de hierbas.

Sin embargo, el estrés está enfermando a la gente. Nos dicen que tienen demasiado qué hacer y que no pueden dormir por la noche. Nos dicen que sufren de hipertensión debido a la preocupación por pagar las cuentas y lograr costear la universidad. Nos cuentan sobre sus dolores de espalda, el cuello tenso, y su susceptibilidad crónica a los resfriados y gripes. Nos dicen que les duele el estómago porque tienen que escoger entre trabajar horas adicionales o pasar a buscar a sus hijos. Nos cuentan sobre la desesperación que sienten por no poder tomar control de las cosas. Escuchamos sobre su ansiedad y sus temores. Todos los días presenciamos el costo del estrés en la salud emocional y física de las personas.

A dondequiera que vamos, las personas nos cuentan que están cansadas y bajo estrés. Hablan sobre el estrés de los largos viajes diarios al trabajo y de regreso, de las largas horas de trabajo, del alto precio que tienen que pagar por todo (citando especialmente la lucha para poder costear la universidad, el seguro médico y la vivienda), y, más conmovedoramente, sobre los problemas que tienen con su pareja y sus hijos. Las mujeres nos hablan sobre la dificultad para manejar a la vez el hogar y el trabajo. Nos cuentan que al final del día están rendidas. Los hombres nos hablan acerca de manejar el hogar y el trabajo, y cuán agotados están. Los niños nos dejan ver que la infancia no es tan simple como era antes y los adolescentes tienen todo un vocabulario sobre el estrés.

Todos tenemos tanto que nos distrae y tan poco tiempo. La gente en este país constantemente está bombardeada de información y rodeada de anuncios comerciales. Pueden leer las noticias a través del teléfono celular o de la agenda electrónica o sus correos electrónicos en su BlackBerry en cualquier momento del día o de la noche. Todo el mundo parece apurado, ¡y la marca de distinción en demasiadas conversaciones es quién está más ocupado! En la actualidad, el que se gana la condecoración de honor es quien logra hacer el máximo en el menor tiempo posible.

La letra de la canción de Cole Porter quizás funciona mejor ahora que cuando fue escrita hace setenta años: "El mundo se ha enloquecido hoy y bueno es malo hoy y negro es blanco hoy." En lugar de manejar con seguridad los inconvenientes diarios y la lucha por encontrarle sentido a la vida, somos demasiados los que estamos sepultados bajo una avalancha de estrés. El resultado es que nuestras relaciones, salud y bienestar emocional continúan sufriendo.

¿Por qué, si existe información disponible acerca del estrés y las personas se sienten tan cómodas hablando sobre cómo manejarlo, somos tantos los que nos sentimos agobiados y agotados? ¿Por qué son tantas las personas que fracasan en su matrimonio, que luchan con sus hijos y están bajo estrés en el trabajo? ¿Por qué tantas personas sufren la plaga de los dolores de espalda crónicos, dolores de cabeza y/o agotamiento? La respuesta es que no han aprendido a desarrollar las Destrezas Vitales necesarias. Este libro le enseñará cómo hacerlo. Esta es la razón por la cual en un mundo inundado de charla sobre el estrés estamos tan convencidos de que otro libro sobre el tema—este libro—es necesario.

Hemos creado el Programa Sin Estrés, descrito acá en *Sin Estrés de Una Vez*, para ayudarle a tomar el control de su estrés y a mejorar su vida. Sabemos que usted puede tener mejores relaciones. Con este libro le ayudaremos a encontrar una mayor paz e incluso a empezar a experimentar la palabra que empieza con F (felicidad). Estamos acá para decirle que la mayor parte de su sufrimiento es opcional, que *Sin Estrés de Una Vez* ha llegado y ahora está a su servicio.

Escribimos este libro para hacer algo sobre la realidad de la sociedad del siglo veintiuno. Las personas están cansadas, irritables, agobiadas y con exceso de trabajo. La buena noticia es que hemos creado un salvavidas y ahora podemos ofrecérselo a todo el mundo.

Sin Estrés de Una Vez presenta diez Destrezas Vitales científicamente comprobadas para reducir el estrés e incrementar la felicidad. Estas destrezas son claras, simples y directas. Funcionan. Conducen a disminuir la aflicción y le devuelven su vida. La práctica de Destrezas Vitales específicas conduce a lo que denominamos la zona de desempeño óptimo—el estado mental y de salud en el que podemos manejar exitosamente los problemas diarios a los que todos nos enfrentamos. Describiremos en detalle su zona de desempeño óptimo en el Capítulo 2, pero por ahora queremos que sepa que cada persona tiene un cuerpo y una mente que puede funcionar con potencia y gracia, y que la práctica de las Destrezas Vitales le ayuda a encontrar esa zona cada vez con mayor facilidad.

Durante los últimos siete años hemos desarrollado y refinado esas prácticas para el manejo del estrés y para la competencia emocional. Han sido sometidas a prueba en rigurosos procesos de investigación con cientos de personas y en clínicas a lo largo y ancho de los Estados Unidos. Juntos sumamos más de cuarenta años de experiencia clínica y de investigación en el campo del manejo del estrés y de desarrollo del bienestar emocional. Trabajando juntos logramos algo que nunca antes se había hecho con éxito: creamos una serie de destrezas simples para el manejo del estrés que además se pueden enseñar. Estas sencillas destrezas no solamente le ayudarán a manejar el estrés sino que le ayudarán a ser más feliz y a mejorar su bienestar emocional. El hecho de que estas Destrezas Vitales puedan ser enseñadas con sencillez y puedan aprenderse fácilmente no significa que son menos efectivas. Por el contrario, contienen buena parte de la sabiduría más profunda y poderosa que la humanidad ha acumulado a lo largo de los siglos.

Ambos, como científicos y clínicos, tuvimos que estar seguros de que estas Destrezas Vitales sí les sirven a las personas antes de promover su uso. Tuvimos que estar seguros de que teníamos éxito, con base en la investigación y en el uso de las Destrezas Vitales con individuos de carne y hueso de todos los rincones del país. A lo largo de estos últimos siete años hemos llevado a cabo investigaciones y hemos enseñado estas destrezas tanto a individuos en el campo de la medicina como a los que no pertenecen a este, y la evidencia es ahora muy clara: el programa *Sin Estrés de Una Vez* funciona.

Todos enfrentamos luchas en la vida. Todo el mundo se enfrenta al estrés y todo el mundo se puede beneficiar del desarrollo de una mejor capacidad de manejo. *Sin Estrés de Una Vez* está diseñado para que lo utilice en su vida diaria. Las Destrezas Vitales concretas son fáciles de enseñar, son amigables al usuario, y llenan una necesidad en un mundo en que el estrés y la confusión emocional son una epidemia y el tiempo es limitado.

Hemos hecho énfasis deliberado en que estas Destrezas Vitales se pueden aprender en diez minutos, pueden ser puestas en práctica en menos de un minuto y funcionan en menos de diez segundos. Es importante, por muchas razones, que en este mundo de presión sobre el tiempo, de apremiantes fechas de entrega, de horarios de práctica de fútbol, y de interminables filas de revisión de seguridad en los aeropuertos, las Destrezas Vitales sean prácticas. Sabemos que cuenta con poco tiempo y sabemos que ese tiempo es valioso.

Consideremos por un momento las repercusiones de la ubicua publicidad en televisión. Si toma distancia del contenido de cualquier anuncio, rápidamente detectará un patrón común. En treinta segundos, la mayor parte de los avisos completan la siguiente secuencia. En primer lugar describen un determinado problema—problema que la mayor parte de las veces tiene que ver con soledad y con aislamiento social. Ese estado infortunado, se le dice entonces al consumidor, se debe a un problema particular como los dientes amarillos, el mal aliento, los dolores de cabeza, el dolor de espalda y el desdén social que le genera conducir un automóvil aburrido o incluso esa nueva enfermedad llamada "vida sosa." No sorprende, entonces, que todas estas condiciones terribles se mejoren mágica e instantáneamente con el uso de determinado producto, como la aspirina, la ropa nueva, un vehículo rápido al tomar las curvas y que es más apropiado para el combate en el desierto que para un atasco de tráfico en medio de la ciudad, o un nuevo medicamento que en los comerciales dirigidos al paciente presionan a éste para que le pida al médico que se los recete.

Al final del comercial, el protagonista es transformado por

este producto externo. La persona inicialmente infeliz y aislada ahora está en un estado vital e idílico, sonriendo como personaje de caricatura porque ahora se ha vuelto el centro de atención de todo el mundo y la envidia de todos sus infelices amigos y colegas. Este mensaje nos es martillado docenas de veces cada noche de televisión, cientos de veces a la semana y miles de veces en la vida. Si no cree que este mensaje tiene una importante repercusión en nuestra vida . . . piénselo mejor.

Es evidente la falsedad de que todos los problemas de la vida pueden ser resueltos mediante una cosa en particular. No obstante, hay una falsedad menos evidente que es todavía más peligrosa: la solución siempre está fuera de nosotros en un producto, proceso, cosmético, crema dental, en algo externo, en cualquiera que sea el producto que se vende en esos treinta segundos de Nirvana. Se nos bombardea con el mensaje de que la satisfacción interna es el resultado de nuestras compras y de nuestra gratificación externa. El nuevo auto o la nueva computadora serán justo lo que necesitamos para sentir esa volátil satisfacción.

Y esto conduce al estrés. Mientras más perseguimos estos fantasmas externos, mayor frustración sentimos a medida que nos damos cuenta de que estas cosas no nos acercan en nada a la felicidad o a la satisfacción con la vida. De hecho, el vacío que sentimos en la decepción continua agrava nuestros niveles de frustración y estrés. Esto puede volverse un ciclo sin fin de consumismo ciego que tiene la capacidad de penetrar todos los aspectos de la vida: nuestra infelicidad lleva a la adquisición de un emblema externo de la felicidad, que a su vez lleva a una mayor infelicidad y luego empezamos de nuevo. Este libro le comprobará que la paz mental no le cuesta nada y que es independiente de cualquier producto del momento. Ayudarle a reconocer que la solución a sus problemas está dentro de usted es uno de los propósitos de escribir este libro.

Lo que falta por desarrollar dentro de muchos de nosotros es la disposición a poner en práctica aquello que sabemos es mejor para nosotros. Cuando enseñamos, nos recordamos que en bienes raíces existen tres palabras que tienen más importancia que cualquier otra. Son "ubicación, ubicación, ubicación." Esto significa que por hermosa que sea la casa o qué tan adecuado su precio, si la casa no está bien ubicada será difícil de vender. Los vendedores pueden leer muchos libros que describen cómo hacer que la casa aparezca deseable y pueden tener maravillosos pensamientos acerca del dinero que ganarán con la venta, pero si la casa no queda en un buen vecindario, esa dificultad dará al traste con las buenas ideas.

Cuando se trata de crear un mayor bienestar emocional, las tres palabras que importan más que cualquier otra son . . . "práctica, práctica, práctica." Para poder reducir el estrés y aprender a manejar los altibajos de la vida, es crucial practicar estas Destrezas Vitales. Si quiere reducir el estrés, leer este o cualquier otro libro no será suficiente. *Nunca* es suficiente simplemente *leer* acerca de una buena idea. ¿Qué tal leer un libro sobre cómo manejar auto pero no ponerlo en práctica, o leer un libro sobre cómo esquiar en las montañas pero no acercarse nunca a una pendiente nevada, o querer tocar un instrumento musical pero haber tocado su nueva flauta o su nueva guitarra apenas un par de veces? Obviamente, realmente nunca adquiriría la destreza necesaria.

Tiene que poner en *práctica* esas nuevas ideas sobre las que leyó o sobre las que le hablaron. Por igual, si quiere gozar de una mayor paz y bienestar en su vida, estos resultados provienen de convertir lo leído en una práctica cotidiana. Le enseñaremos qué causa estrés y cómo este afecta su cuerpo. Le mostraremos el camino por el cual la ansiedad, el temor y la rabia afectan su salud y nublan su mente y su capacidad de tomar decisiones. A lo largo, le proporcionaremos una serie de prácticas concretas y efectivas que funcionan. Cuando se cuenta en el menú de respuestas con una serie de destrezas, usted las puede adaptar a las diferentes exigencias de su vida. Algunas destrezas funcionan mejor en unas circunstancias que en otras: no obstante, crear la experiencia de relajamiento y las destrezas generales para desarrollar un desempeño óptimo están bien descritas y siempre tienen un efecto positivo. El verdadero reto consiste en encontrar la forma de simplificar las indicaciones al punto de que sean verdaderamente útiles. Eso significa darle a usted, el lector, experiencia directa mediante una práctica orientada y destilar la esencia de lo que funciona eficazmente para que usted pueda *implementar* las destrezas. Hemos hecho esto con nuestro Programa Sin Estrés. Le recordamos que por engañosamente sencillas que hayamos logrado que aparezca cada Destreza Vital (para poder enseñarlas en un lapso corto de tiempo) cada una *funciona*, y con la práctica los efectos son profundos.

Mark sirve de ejemplo de alguien que había leído innumerables libros acerca del estrés, la espiritualidad, asuntos de niñez y otros temas relacionados con la salud mental. Mark era paciente de una de las clínicas de cardiología del Hospital universitario de Stanford. Tenía arritmia atrial, lo cual significa que ocasionalmente su corazón se saltaba un latido y a veces se aceleraba. Para los pacientes esta condición es atemorizante porque sienten que el corazón está descontrolado. Mark se quejaba de fatiga, de no tener suficiente tiempo en la vida y de una sensación permanente de ansiedad.

Mark sabía bastante acerca del estrés. Tenía un buen nivel de educación pero de todos modos tenía una serie de síntomas incómodos y difíciles de identificar. El meollo del asunto era que Mark se sentía fatal, demasiado joven para estar enfermo y demasiado ansioso para disfrutar su familia y su vida. En gran medida sufría porque no estaba poniendo en práctica las destrezas que ya había conocido a través de la lectura. Otra manera de enfocar este asunto es que sufría porque las destrezas habían sido presentadas de una forma que las hacía aparecer complicadas y que exigía largos períodos de práctica. Por favor no nos malinterprete. Leer acerca de la salud mental y del manejo del estrés es útil. El conocimiento es poder. Tomar clases para mejorar la salud sirve y es una manera maravillosa de disminuir el estrés, incrementar el bienestar, y tomar el control de su vida. Sencillamente afirmamos que se leen libros y se asiste a clases, pero las personas rara vez perseveran en sus esfuerzos después de salir de clase o de cerrar el libro. El problema de Mark, y la dificultad a la que se enfrentan muchas personas, no radica en el aprender sino en el hacer.

Mark era joven, tenía treinta y tantos años, cuando lo vimos por primera vez en la clínica. Al cabo de la primera media hora le explicamos por qué era necesario que desacelerara su vida y que dedicara unos minutos al día para practicar una forma simple de relajación. Su respuesta pertenece al repertorio común: "Yo sé. Incluso una vez tomé clases de manejo del estrés. Mi esposa siempre me está diciendo que tengo que tomar control del estrés." Pero cuando le preguntamos lo obvio— "¿Pone en práctica lo que aprendió en las clases de manejo del estrés?"—respondió con un claro y resonante no. Este libro es para todos los Mark que hay por ahí.

Nuestra conversación con Mark estuvo orientada a mostrarle cómo podía sentirse inmediatamente más relajado. Le enseñamos la primera DestrezaVital durante nuestra primera sesión y lo guiamos en la exploración de cómo incorporar esta destreza a su vida. Le advertimos que lo tomara con calma, que no practicara más de unos cuantos minutos al día y que se asegurara de practicar todos los días. Durante las sesiones posteriores de asesoría, le enseñamos dos de las DestrezasVitales que seguían—las que eran más relevantes a sus problemas—y lo orientamos para que las practicara en la clínica del hospital.

Mark avanzó de manera impresionante. Aprendió a prestar más atención a algunas de sus costumbres y a desacelerar. Practicó la relajación durante períodos cortos todos los días e incluso aprendió a apreciar más a su esposa. Su ansiedad disminuyó, aun cuando su corazón se comportaba de manera extraña. Pudo primero bajar sus niveles de colesterol y luego, con el tiempo, la necesidad del medicamento. Además, la incidencia de los latidos irregulares disminuyó. Recientemente trabajamos en el Hospital de la Universidad de Stanford con Sarah, una paciente que a la edad de setenta y ocho años tenía hipertensión incontrolada—en otras palabras tenía presión arterial elevada que no se lograba reducir efectivamente con los medicamentos. Mientras que en el caso de otra paciente el médico quizás sencillamente hubiera aumentado el medicamento para la hipertensión, no podía hacerse en el caso de Sarah porque no toleraba las dosis altas debido a problemas de hígado y riñones. En determinado momento su internista le había dicho que se valiera de la relajación para disminuir la presión arterial, pero nunca le dio sugerencias concretas sobre cómo hacerlo. Cuando la vimos por primera vez, Sarah se sentía impotente, incapaz de tolerar más medicamentos, y abandonada sin indicaciones sobre cómo reducir su ansiedad y su tensión. Al no saber cómo relajarse, cuando de todos modos el médico le había dicho que debía hacerlo, el estrés que Sarah sentía de hecho *aumentaba*.

Durante nuestra primera sesión la asesoramos en la práctica de la DestrezaVital que tiene que ver con concentrarse en sensaciones de apretar y soltar determinadas partes del cuerpo. Primero le mostramos cómo poner en práctica esta destreza, luego le dimos indicaciones paso a paso y finalmente observamos cómo practicaba. Procedimos de igual forma durante la segunda sesión. Cada vez que la veíamos, le recordábamos la instrucción de practicar su DestrezaVital todos los días. Al cabo de unas cuantas semanas, la presión arterial de Sarah empezó a descender hacia un rango normal y ella se sentía más en control de su salud. En el transcurso de nuestra última sesión, le preguntamos cómo se sentía. Ella respondió, "El médico siempre me dijo que debía relajarme, pero nunca me dijo cómo hacerlo. ¡Ahora ya sé cómo!" Ese es el punto central del libro: es el "cómo" lo que queremos comunicarle.

Estos ejemplos de Mark y Sarah están tomados de nuestro trabajo clínico con personas que sufren de enfermedades cardiovasculares. Se ha demostrado que el Programa Sin Estrés funciona por igual con pacientes que ya tienen enfermedades cardiovasculares o que están en riesgo de desarrollarlas. Sus estrategias simples tienen efectos físicos profundos y deberían ser parte regular de la intervención médica para mejorar la enfermedad cardiovascular. Una de las razones por las cuales desarrollamos este libro es proporcionar una referencia simple que las personas en el campo médico puedan ofrecerles a sus pacientes.

No obstante, el Programa Sin Estrés no está diseñado primordialmente como intervención médica. A las diez herramientas concretas las denominamos DestrezasVitales porque eso es precisamente lo que son: estrategias que casi todas las personas necesitan para poder navegar por las dificultades inevitables de la vida. Además, son destrezas que, a medida que se practican y se dominan, permiten, no solamente manejar el estrés en su vida sino también experimentar mayor felicidad y satisfacción.

Afirmamos que el Programa Sin Estrés no es solamente para personas que están enfermas o deprimidas o ansiosas, o incluso para personas que padecen de estrés. Todo el mundo necesita practicar estas destrezas simples para mejorar su capacidad de ser flexible, de apreciar a las personas y las experiencias de la vida, y para tomar decisiones vitales óptimas.

Como le mostraremos en el Capítulo 2, existen mecanismos específicos mediante los cuales el estrés actúa en la mente y en el cuerpo. También hay caminos físicos que le ayudan a la gente a manejar su estrés. Queremos hacer énfasis en que aprender a llevar una vida de mayor paz y expandir el bienestar trasciende el simple hecho de controlar los síntomas físicos desagradables o perjudiciales. Manejar el estrés es apenas un concepto de empate: lo devuelve a cero cuando ha estado viviendo en números negativos. Pero ganarle de verdad la partida al estrés lleva a la felicidad y a un aumento en el bienestar.

Detener el estrés no es la meta final: más bien, es un medio para ser más creativo en el trabajo, prestar más atención a la pareja, llegar a ver al nieto graduarse de la universidad, y simplemente vivir la vida a plenitud, sin distracciones y sin impedimentos radicados en los efectos de la tensión y el estrés excesivos que se pueden prevenir. Dentro de usted mismo hay un lugar de quietud, paz y sabiduría al que puede aprender a tener acceso. Este lugar de ecuanimidad y paz mejorará su salud, pero ese no es el propósito primordial de este libro. La meta de este libro es liberarlo del estrés para que pueda ponerse en contacto con partes de usted mismo que se sienten contentas y felices.

Quizás la mayor importancia de aprender estas Destrezas-Vitales radica en que en última instancia lo llevarán a un estado de ecuanimidad, a un ademán interno de serenidad y reposo. En este estado, estará equipado para tomar buenas decisiones vitales en relación con la dieta, el ejercicio, el trabajo, y la familia, y para responder constructivamente a las inevitables exigencias de la vida cotidiana.

Hay una historia apócrifa del Dr. William James, ampliamente reconocido como el fundador de la sicología, que cuenta que el doctor había caído en una profunda y mórbida depresión. Durante este período oscuro de su vida, logró salir del abatimiento al darse cuenta de que podía elegir entre un pensamiento y el otro. Se dio cuenta de que un pensamiento deprimido no conducía necesariamente al otro, que él podía elegir darle otra dirección a su mente. Era ese momento infinitesimal de quietud interior y de ecuanimidad lo que le daba la palanca para salir de la aplastante depresión.

A pesar del poder de una noción tan engañosamente sencilla, afirmamos que es igualmente importante aprender a apreciar las buenas cosas que ya ocurren en su vida. Así mismo, es importante desarrollar la habilidad de desacelerar y de sacar el máximo provecho de las experiencias diarias. Sirve aprender a afirmarse a sí mismo y desarrollar la capacidad de elegir el camino correcto de acción en una situación particularmente retadora. Es valioso poder elegir cuándo estar molesto con los altibajos de la vida y cuándo dejar pasar las cosas, poder reconocer cuándo prepararse para la pelea o la discusión sirve para algo y cuándo lo óptimo es una actitud de esperar y ver. Cada una de estas es una DestrezaVital que se enseñará en este libro. Cada destreza contribuye a su habilidad de estar en paz y de lograr un desempeño óptimo.

Kathy es una mujer con quien trabajamos que gozaba de radiante buena salud pero necesitaba ayuda para administrar su atareada vida. Tenía dos hijos pequeños, un marido altamente exitoso y un trabajo exigente. Kathy necesitaba aprender a reconocer cuánto había logrado cada día en lugar de concentrarse en todo lo que le faltaba por hacer. Nunca sentía que hacía lo suficiente, porque siempre había algo más que hacer. Regresaba a casa de su día de trabajo y se enfrentaba a lo que al parecer era un flujo interminable de responsabilidades continuas. Le enseñamos la DestrezaVital de la relajación y de reconocer el gran bien que estaba haciendo, así como la equilibrante Destreza-Vital de aprender a decir no cuando estaba agobiada. En particular, hacer honor al asombroso servicio que ella le prestaba a su familia fue de gran provecho para su cuerpo y su mente.

Jim, con quien también trabajamos, sentía frustración crónica en el trabajo porque siempre tenía demasiado que hacer. Regresaba todos los días a casa con estrés, cansado y agotado. Tenía un sentimiento crónico de que se aprovechaban de él y por ende estaba lleno de resentimiento. Tenía un trabajo que le gustaba pero nunca había aprendido a decir que no cuando pensaba que se aprovechaban de él, ni había aprendido a poner fin al incesante parloteo en su cabeza a través de la respiración y la meditación. A Jim le ofrecimos estas dos DestrezasVitales y ¡qué diferencia le significaron! Aprendió a hacerse respetar y a regalarle a su sistema nervioso pausas frecuentes durante el día.

Hemos tomado decenios de experiencia en investigación clínica en la enseñanza del manejo del estrés y de la competencia emocional a miles de personas como Jim y Kathy, Sarah y Mark, y hemos destilado los métodos centrales hasta reducirlos a su esencia. Lo que encontramos en el centro de nuestra investigación y prácticas clínicas es lo que se convirtió en el Programa Sin Estrés. Presentamos acá este programa a través de diez Destrezas Vitales fáciles de aprender que cubren un amplio rango de herramientas para dar sano relieve a las emociones. Hemos encontrado que nuestra selección de diez es lo suficientemente amplia para ayudarles a casi todos los que han participado en el Programa Sin Estrés. Las Destrezas Vitales empiezan en el Capítulo 3 y están presentadas en orden de la más sencilla hasta la más compleja. Hemos llegado a la conclusión de que este orden es óptimo para la efectividad y facilidad del aprendizaje. Hemos enseñado con éxito el Programa Sin Estrés a grupos diversos de personas en una amplia variedad de entornos, y también hemos entrenado a otras personas para enseñar estas Destrezas. A través de estos éxitos y extensas investigaciones, hemos comprobado que el Programa Sin Estrés funciona.

Muchas personas se sorprenden al descubrir que necesitan aprender y practicar cosas tan simples como las Destrezas Vitales. Se nos ha dicho en más de una ocasión, "Yo ya sé cómo respirar bien," o, "Yo ya aprecio las personas que hay en mi vida." No obstante, a nadie le sorprende que el músico tenga que aprender primero y luego tenga que practicar sin pausa las escalas musicales para dominar el piano; que incluso un atleta aficionado tenga que desarrollar una rutina de entrenamiento; o que dominar cualquier habilidad, desde la talla en madera hasta la cirugía, requiera años de entrenamiento. Puede enfocar las DestrezasVitales como los cimientos del bienestar emocional. Es mucho más importante desarrollar la destreza del bienestar que la habilidad para tocar el piano y requiere afinar el sistema nervioso, que es infinitamente más complejo que cualquier instrumento musical.

Cada vez que practica una de las DestrezasVitales, está, o bien creando una nueva conexión en el cerebro y el sistema nervioso, o fortaleciendo una conexión que ya existe. Cada vez que practica la relajación, se llevan a cabo cambios profundos que afectan cada uno de los órganos de su cuerpo. Debido a la enorme cantidad de información que tenemos que procesar en el mundo de hoy, nuestra mente opera primordialmente a partir del hábito. Eso quiere decir que hacemos lo mismo una y otra vez, de la misma forma, hasta que elegimos hacerlo de forma diferente. Cada uno de estos hábitos está mediado por la acción de nuestro sistema nervioso. Con el Programa Sin Estrés, las personas aprenden a afinar su sistema nervioso hasta que funciona en armonía con sus metas y valores.

La meta del Programa Sin Estrés es crear cambios positivos de una vez y para siempre. Todos queremos lograr un estado de ecuanimidad, de equilibrio interior, que nos permita responder adecuadamente ante cualquier reto interno o externo. Así como el maestro de artes marciales que actúa con seguridad, todos podemos poseer un ademán interno reposado y ecuánime que nos guiará por los retos de la vida. En una famosa entrevista que le hizo la BBC a Carl Jung hacia el final de la vida del psicólogo, el entrevistador le preguntó al Dr. Jung si creía en Dios. Jung lo miró por encima de sus anteojos y le respondió, "¡Yo no creo . . . yo sé!" Esta clase de certeza que se obtiene cuando se conoce el poder de las propias Destrezas Vitales es precisamente la meta de *Sin Estrés de Una Vez*.

Agradecimientos

Agradecemos a nuestros colegas de la Escuela de Medicina de la Universidad de Stanford que trabajaron con nosotros para desarrollar las DestrezasVitales: el Dr. William Haskell, el Dr. John A. Astin, Kathy Berra, Annette Clark, Shauna Hyde, Linda Klienman, Kelly Reilly y Pauline Siedenburg.

Entre los líderes de *American Specialty Health*, quisiéramos agradecer a George DeVries, el Dr. Douglas Metz, el Dr. Rene Vega y Wendy Brown por su perspicacia y ayuda. Finalmente, expresamos nuestro aprecio a los dueños y administradores de alto cargo de Canyon Ranch, incluyendo a Mel Zuckerman, Jerry Cohen y el Dr. Gary Frost. Agradecemos a nuestra agente, Jillian Manus, y a nuestro editor, Gideon Weil, por trabajos bien hechos.

Fred Luskin no podría haber completado este libro, ni habría querido hacerlo, sin el apoyo de su maravillosa familia— Jan, Danny, y Anna.

Ken Pelletier, como siempre, rinde tributo a Elizabeth, su esposa.

Sin Estrés
de Una Vez

CAPÍTULO 1

El Origen de las Destrezas Vitales

El Programa Sin Estrés consta de una serie de diez Destrezas-Vitales. Estas habilidades incluyen ejercicios (como la respiración profunda, la relajación de los músculos y el enfoque de la atención) que le ayudarán a crear un estado de relajamiento físico y alerta mental, a mantenerse emocionalmente estable cuando está bajo estrés, a experimentar más paz en su vida y que le mostrarán cómo reconocer y apreciar todo lo positivo y las bendiciones que lo rodean. Con la ayuda de estas diez Destrezas Vitales, tendrá la capacidad de responder adecuada e inteligentemente a cualquier situación que surja en su vida cotidiana—y además será más feliz.

Afirmamos que estas Destrezas Vitales son para todo el mundo. No insinuamos que todo el mundo sea infeliz o esté bajo demasiado estrés. Ni tampoco insinuamos que todas las personas que están leyendo este libro han fracasado en el manejo de su vida. Lo que sí estamos diciendo es que a cada uno de nosotros la vida nos presenta retos en cada etapa y prácticamente a diario. Algunos crían niños pequeños y enfrentan las dificultades de tener que levantarse a media noche para atenderlos y de tener menos tiempo para pasar con el esposo o la esposa. Otros trabajan largas horas para pagar una hipoteca o para costearle la universidad a un hijo. Aun otros están en duelo porque sus hijos se han marchado de casa o porque sus padres están envejeciendo o inválidos. En cada situación, la vida normal es dura y se requieren herramientas para mantenerse emocionalmente a flote y físicamente intacto.

Acuñamos el término DestrezasVitales para reflejar las herramientas necesarias para manejar el estrés inherente al cambio, la enfermedad, la pérdida, el exceso de trabajo, el divorcio, los largos viajes diarios para ir y regresar del trabajo, y otras experiencias normales de la vida. Las DestrezasVitales son estrategias prácticas, rápidas y efectivas que usted puede utilizar en cualquier momento para optimizar su desempeño y disfrute tanto en el trabajo como en la diversión. Si las practica regularmente, puede aprender las estrategias en muy corto tiempo, y este libro lo llevará paso a paso a lo largo del proceso de aprendizaje. Mediante la práctica podemos aprender a entrar en menos de diez segundos en un pacífico estado de conciencia. Cada DestrezaVital se vale de una frase, que se encuentra en los títulos de los capítulos 3 al 12, para ayudarle a recordar rápida y fácilmente su meta positiva. La frase que resume nuestro Programa Sin Estrés es: diez minutos para aprender, un minuto para practicar y diez segundos para funcionar.

Nuestra investigación y práctica clínica confirman la efectividad del programa para reducir el estrés y los síntomas asociados. Ahora puede ayudarle a sentirse lleno de energía, a ser más productivo en el trabajo y a reducir el desgaste sobre su cuerpo. Puede ayudarle a prevenir y a reducir los riesgos asociados a la enfermedad del corazón así como a administrar el dolor físico y emocional que acompañan otras enfermedades como la diabetes, la hipertensión, la angina, los dolores crónicos, la ansiedad, la depresión, los trastornos asociados a la menopausia, los dolores de cabeza y los males intestinales o de la cabeza. Es importante recordar, no obstante, que si bien este libro sirve para ayudar a reducir los efectos limitantes de las enfermedades (e incluso para prevenir ciertas enfermedades), está concebido como una adición a su cuidado médico y psicológico regular, y no como algo que deba reemplazarlo.

Cada historia tiene su comienzo. En 1996, yo (Fred Luskin) iniciaba mi internado en el *Stanford Center for Research in Disease Prevention* (SCRDP), (Centro de la Ciudad de Stanford Para la Investigación y Prevención de Enfermedades). Estaba a mediados del tercer año de mi doctorado en sicología y había pasado unos cuantos meses plagados de nerviosismo buscando un trabajo en el campus que me permitiera cubrir los $25,000 dólares para la matriculación. Era difícil, y el completar un postgrado en la universidad de Stanford a la mediana edad, no era una tarea barata. En ese entonces, Ken Pelletier acababa de contratarme en Stanford para dirigir el equipo de Mente/Cuerpo del nuevo *National Institutes of Health-funded Complementary and Alternative Medicine Program at Stanford* (CAMPS), (Programa de Institutos Nacionales de Medicina Complementaria y Alternativa) y estaba a la espera de mi primera tarea.

Ken era el director de CAMPS y era profesor clínico de Medicina en la Escuela de medicina de la Universidad de Stanford.

En SCRDP, yo intentaba ser de utilidad cuando entré a la oficina del coordinador del programa HEARRT (un acrónimo de *Heart Education and Risk Reduction Training* o Educación y Entrenamiento para la Disminución del Riesgo al Corazón). Este sofisticado programa de desarrollo de habilidades para el manejo del estrés, de apoyo social y de instrucciones de auto cuidado, estaba diseñado para orientar a las personas hacia un cambio en el estilo de vida que redujera el peligro de padecer enfermedades del corazón. Enfermeras bien entrenadas lo impartían a los pacientes para enseñarles a reducir la presión arterial y el colesterol, comer mejor, y hacer más ejercicio. En ese entonces, el programa estaba apenas considerando la posibilidad de incluir un componente de manejo del estrés. Para iniciar el proceso, el coordinador de HEARRT y yo analizamos una serie de módulos que Ken había desarrollado para uno de sus proyectos de investigación en manejo del estrés en el lugar de trabajo.

Durante las semanas siguientes editamos estos módulos y nos reunimos ocasionalmente para planear la siguiente estrategia. La edición no era fácil porque los módulos estaban diseñados para un público diferente, con un nivel de educación superior que el que tenía el grupo con el que trabajábamos. Además, los módulos requerían un compromiso de tiempo considerable por parte de los participantes. Por último, los módulos eran largos y engorrosos.

Pronto Ken descubrió que yo había estado editando sus módulos sobre estrés para el programa HEARRT y sintió curiosidad por saber cómo iba el trabajo. Un día, después de nuestra reunión semanal de CAMPS, Ken se acercó y me preguntó, "¿Qué piensa de los módulos de manejo del estrés?"

Cuando su jefe le pregunta su opinión sobre algo que él ha desarrollado y usted ha trabajado para él solamente unas semanas y necesita el trabajo al menos durante el siguiente año y medio, su instinto no siempre es querer decir la verdad. Tuve la tentación de decirle que los módulos eran la octava maravilla. Bien, lo primero que dije fue, "Los módulos son demasiado complicados y excesivamente largos." A sabiendas de que quizás era demasiado sincero, agregué, "Se requiere de la gente un compromiso de tiempo que posiblemente no esté dispuesta a asumir, y el caso es que para el manejo del estrés necesitamos herramientas que las personas puedan entender fácil y rápidamente. Aparte de *eso*, son maravillosos."

Esperé una argumentación, o algún tipo de resistencia. Lo que recibí fue, "Muy interesante. Dígame más." Para mi alivio, me encontré con una sonrisa y con receptividad a mis ideas. Cuando mi corazón volvió a latir con normalidad (más sobre esto en páginas posteriores), nos sentamos y hablamos, y empezó a tomar forma la idea de hacer el manejo de estrés y el bienestar emocional disponible en pasos sencillos y pequeños. Fue en esta y en reuniones posteriores donde nació el programa que usted tiene ahora en sus manos.

Durante más de treinta años, el énfasis de Ken Pelletier

había sido en comprender las complejas interacciones entre el cuerpo y la mente, entre las emociones y la enfermedad, entre las aspiraciones y la salud óptima. Había escrito diez libros sobre el tema, había grabado cintas de audio y vídeo para enseñarle a la gente cómo mejorar, había desarrollado programas de salud corporativos para muchas de las compañías que aparecen en el listado de *Fortune 500*, y era profesor universitario. Durante esos años de enseñar, elaborar teorías, hacer investigación y ver pacientes, había tenido varias experiencias "reveladoras" que le hicieron darse cuenta de que se necesitaba un libro sobre estrés que fuera efectivo, sencillo y directo.

Yo, por otra parte, había utilizado varios de los principios que más adelante incorporamos a este programa para diseñar un entrenamiento de perdón único y poderoso cuya efectividad había sido demostrada. Mis investigaciones sobre el perdón habían sido hechas con personas que habían sufrido toda clase de heridas. Iban desde la pérdida de un trabajo hasta la pérdida de un hijo. Se demostraba que el perdón era benéfico para personas con todo tipo de dolorosas heridas y penas. Descubrí que el manejo del estrés era necesario para cualquiera que estuviera en proceso de recuperarse de la dureza del abandono o de la crueldad del maltrato por parte de los padres o de la infidelidad de la pareja. Posterior a esas investigaciones exitosas, he enseñado sobre el perdón a miles de personas heridas.

Mis estudios demostraban que el optimismo y el bienestar físico mejoraban en la medida en que se reducían la rabia, el estrés y la depresión. Observé que a medida que las personas heridas recuperaban el control de su vida, eran más capaces de tomar buenas decisiones. A mi trabajo con el perdón le debo la convicción de que el manejo del estrés y la competencia emocional son las claves de una vida exitosa.

Cuando en 1977, Ken publicó por primera vez *Mind as Healer, Mind as Slayer* (Mente que Cura, Mente que Hiere), no tenía idea de que se convertiría en un clásico que aun se reimprime más de veinticinco años después y en más de quince idiomas. En 1977, su tesis de que la mente influía sobre el cuerpo y viceversa era un concepto novedoso. Era pionero del movimiento de medicina holística y fue uno de los primeros en convertir el manejo del estrés en un asunto de uso hogareño. No obstante, fue solamente en 1992, cuando la editorial Delcorte/Delta le pidió que actualizara el libro, que se dio cuenta de que aunque las ciencias básicas habían progresado, las técnicas concretas para manejar el estrés y mejorar la salud estaban exactamente en el mismo punto en que estaban en 1977.

Además, comprendió que estas prácticas habían sido tomadas de tradiciones que tenían decenios de antigüedad, que incluso eran milenarias. De hecho, algunas de las prácticas de meditación tienen 2500 años de antigüedad y son todavía relevantes para el mundo actual. Lo que sucede es que el cuerpo humano no ha cambiado en miles de años. No nos relajamos o apreciamos el atardecer de forma diferente a como lo hacían las personas en el primer siglo dC. Ken comprendió que a pesar de los adelantos en ciencias biomédicas elementales, lo que una persona necesitaba para relajarse y ser exitosa aun era algo simple. Infortunadamente, no solamente son eternas estas habilidades, sino que también lo es la resistencia de las personas a practicarlas.

Después, en los años 90, cuando Ken empezó a trabajar con estudiantes de posdoctorado en la Escuela de Medicina de la Universidad de Stanford, se dio cuenta que aún estaba por responderse la pregunta de por qué las personas no estaban utilizando las habilidades sencillas que ya se sabía que aportaban beneficios profundos a la salud. Fue durante este intercambio conmigo que tuvimos un esclarecimiento simultáneo. Vimos claramente que las técnicas del momento nunca se presentaban de una forma simple, clara, práctica, rápida y en etapas paso a paso. Nunca se presentaban de forma que las personas pudieran fácilmente aprender las habilidades básicas y luego profundizarlas para lograr un efecto benéfico en su vida y en su salud.

Ambos nos dimos cuenta de que a las personas se les podían enseñar estrategias del manejo del estrés en cantidades digeribles. Comprendimos el hecho de que lo que los seres humanos necesitaban hacer para relajarse y disfrutar no había cambiado en miles de años. Nuestra tarea consistía en tomar esa sabiduría y convertir la práctica de ésta en algo fácilmente digerible.

Con esta meta en mente, trabajamos con Kelly, una estudiante de segundo año de universidad que luchaba con la carga académica de su ardua carrera. Vino a vernos porque estaba bajo estrés por las exigencias de tiempo que pesaban sobre ella. Había cursado secundaria con honores y se sentía terrible por su desempeño actual. Aunque ese nivel de logro era excelente según la mayoría de los parámetros, para ella no bastaba. Kelly era una mujer joven cuya insatisfacción interior era alta, y nos dimos cuenta del desgaste que el estrés empezaba a causar en su mente y cuerpo. Kelly era nerviosa, y se quejaba de su incapacidad para concentrarse y de que sentía que vida escapaba su control.

Le enseñamos un ejercicio de tensión y relajación muscular. Le pedimos que practicara con nosotros varias veces y luego finalmente sola. Diseñamos un plan para que practicara esta DestrezaVital regularmente a lo largo del día. Si practicaba seis veces cada día, su esfuerzo total sería menos de diez minutos diarios. A partir de esta breve y simple agenda de práctica, Kelly percibió un enorme beneficio. En lugar de ahogarse en el estrés y la autocompasión, Kelly aprendió a hacer pausas regulares, aprendió a relajarse y regresó a su trabajo con más energía y más calma. En el caso de Kelly la carga de trabajo de hecho aumentó, pero puesto que sus capacidades de manejo habían aumentado, se enfrentó con éxito al reto.

Una de las enseñanzas más cruciales de este libro es que no se supone que nuestro Programa Sin Estrés sea una propuesta de sólo reducir el estrés. Queremos para usted algo más que el simple hecho de regresar a neutro después de haber estado bajo estrés. Regresar a cero no es suficiente. Lo que usted quiere (y lo que queremos para usted) es la capacidad de enfrentar la vida y sus muchos aspectos desconocidos con destrezas para manejar cualquier situación con seguridad y claridad. *Sin Estrés de Una Vez* hace énfasis en las estrategias (y es lo que enseña) no solamente destinadas a manejar el estrés sino también a capacitarlo para sacar el mayor provecho posible de sus relaciones y su salud. El manejo del estrés es apenas el primer beneficio de retomar de una vez y para siempre su vida.

Bill luchaba por cuidar a su esposa que se había lesionado. Ella había sufrido un accidente de automóvil y se recuperaba lentamente. Él trabajaba todo el día y cuando llegaba a casa se encargaba de todo lo relacionado con cuidar a su esposa. Las investigaciones han demostrado que quienes cuidan de otros tienen, por término medio, un alto nivel de estrés y de agotamiento debido a los rigores del trabajo. Bill amaba a su esposa y lo que más quería era contribuir a su recuperación. Sin embargo, se estaba desmoronando bajo la presión de ayudarle y la pérdida consecuente de tiempo libre. Cuando nos entrevistamos por primera vez con Bill, sus sentimientos de resentimiento hacia su esposa apenas comenzaban, y estas emociones venían acompañadas de la culpa colateral por sentirse de este modo. Se sentía atrapado y no veía una forma de escapar.

De inmediato le enseñamos a Bill dos Destrezas Vitales. En primer lugar le recordamos que estaba trabajando tan duro por su esposa ante todo por el amor que le tenía y no por obligación. Más adelante en este libro documentamos la poderosa diferencia que experimenta el cuerpo entre hacer algo porque *hay* que hacerlo y hacerlo porque le interesa y preocupa. Bill había olvidado cuánto amaba a Sara y recordaba únicamente la obligación. Le pedimos que tratara de sentir amor por Sara y luego obligación a Sara y percibiera la diferencia, y luego le pedimos que practicara sentir amor. Notó un marcado aumento de la energía y bienestar cuando pensaba en su amor por ella y una sensación de estrés y fracaso cuando pensaba únicamente en la obligación. Estas diferencias no estaban únicamente en su mente sino que se reflejaban en su cuerpo.

También le enseñamos a Bill otra DestrezaVital que necesitaría para manejar su dolorosa y difícil experiencia. Durante la crisis, Bill había olvidado cómo cuidarse a sí mismo. Trabajaba todo el día, fines de semana y noches. Necesitaba poder decirle no a Sara y sacar tiempo para él. Tenía que ser capaz de confiar en que ella estaría bien. Le enseñamos algunas estrategias simples para decir no de manera compasiva y le ayudamos a practicar. Las dos DestrezaVitales juntas significaron una enorme diferencia para Sara y Bill. Sara recibió el amor y atención necesarios para su recuperación, y Bill pudo cumplir las exigencias de su vida personal y profesional sin resentimiento y sin sentirse prisionero.

A medida que lea y trabaje con *Sin Estrés de Una Vez*, encontrará, como lo hicieron Bill y Kelly que el Programa Sin Estrés mejorará su desempeño, satisfacción y salud al mostrarle cómo transformar el estrés en un desempeño óptimo. Cómo lograrlo es simple en lectura y comprensión, pero requiere práctica. La zona de desempeño óptimo es aquella en la cual usted se siente a la vez físicamente relajado y mentalmente alerta. La práctica regular de las DestrezaVitales le permite acortar el tiempo que le tarda pasar de su vieja respuesta cansada y tensa a su respuesta óptima. *Sin Estrés de Una Vez* puede utilizarse para dominar el estrés y huir de la trampa del desgaste excesivo de la mente y el cuerpo. No es una fantasía ni una promesa vacía; es una receta comprobada.

El estrés se puede manifestar en el cuerpo humano de muchas formas. El Programa Sin Estrés está diseñado para combatir los variados síntomas del estrés en el cuerpo—malestar estomacal, insensibilidad en alguna parte del cuerpo, estreñimiento, dolores de cabeza, dolores de espalda, tensión muscular y muchos otros. Cuando durante la aplicación constante de una DestrezaVital se logra observar un síntoma específico, vemos cómo mejoran personas que han sufrido durante años.

Trabajamos con Melissa, una mujer hacia el final de los cuarenta, que era una modelo conocida. Había sido remitida a nosotros por su neurólogo por una "neuropatía idiopática periférica" o un adormecimiento de las palmas de las manos y las plantas de los pies. Sus médicos no encontraban nada orgánico, neurológico u otra causa física que explicara su condición. Melissa nos contó cómo era el alto nivel de estrés que se vivía en el mundo de las modelos, con su anorexia, bulimia, comportamientos depredadores por parte de los ejecutivos y promotores, y la competencia intensa por parte de las modelos más jóvenes. Su estrés se había vuelto tan intenso que perturbaba su sueño, lo cual le impedía verse en óptimas condiciones, y afectaba su desfile por la pasarela.

Para ayudar a Melissa, le enseñamos una de las DestrezasVitales de relajación. Practicó concentrarse en la sensación de pesadez en sus brazos, manos, piernas y pies para aliviar el adormecimiento. Esta DestrezaVital la hizo sentir mejor en general, pero se dio cuenta de que la sensación de adormecimiento empezaba a subir por sus brazos y por delante de las piernas. A pesar de este incremento en el malestar, Melissa continuó con la práctica porque sentía que avanzaba de una forma que no comprendía del todo.

Una noche, después de salir de la clínica, se encontró con una amiga en un bar. No había comido en todo el día y se sentía con la cabeza ligera. Pidió un whisky puro, y cuando llegó, el olor penetrante del alcohol le despertó un recuerdo espontáneo. Recordó algo que había reprimido durante años: su padre había abusado de ella desde que ella tenía diez años hasta los quince, durante los años inmediatamente posteriores a la muerte de su madre en un accidente automovilístico. Su padre era un juez de alto perfil y en ese entonces ella había temido que nadie le creería si tuviera el valor de denunciarlo. Así que todos esos años había sufrido en silencio y luego había "olvidado" el abuso.

De lo que Melissa se dio cuenta en el bar esa noche, cuando el olor del alcohol trajo a la superficie los recuerdos, era que su padre había abusado de ella solamente cuando estaba borracho. Cuando sintió el olor del whisky, recordó que solía tratar de empujarlo con las manos y los pies. Durante la mayor parte de su vida, Melissa había tratado de adormecerse para defenderse del ataque sexual y ese adormecimiento tomó forma tangible en sus extremidades.

Cuando Melissa vino para la siguiente sesión y contó sobre

este recuerdo le pedimos que practicara su DestrezaVital. Mediante este ejercicio guiado, Melissa pudo revivir el trauma sexual, pero como observadora relajada y silenciosa del ataque. La experiencia repetida de relajación mientras que observaba el ataque le permitió a Melissa gradualmente sentirse más y más segura. Lentamente, con algo de práctica, Melissa pudo relacionarse con la experiencia actual sin tener que adormecerse. Antes de esto su temor de revivir el trauma había sido tan abrumador que ella se adormeció ante muchas experiencias, incluso aquellas que no tenían nada que ver con su padre o con la actividad sexual. Con la práctica regular de esta DestrezaVital, Melissa descubrió que el adormecimiento cedía poco a poco y emociones positivas lo remplazaban. En seis meses, no solamente habían desaparecido los síntomas, sino que su carrera de modelo había mejorado. Melissa ejemplifica a qué nos referimos cuando decimos que reducir el estrés es tan solo el primer paso hacia el bienestar.

LAS INVESTIGACIONES QUE RESPALDAN LAS DESTREZASVITALES

Si bien hacemos ciertas afirmaciones atrevidas en cuanto al Programa Sin Estrés que presentamos en *Sin Estrés de Una Vez*, en la práctica clínica constante hemos hecho investigaciones y observaciones que sustentan estas afirmaciones. Mediante esos esfuerzos hemos demostrado la efectividad del Programa Sin Estrés y ahora le presentamos una breve historia de la investigación correspondiente. Estas investigaciones concretas se han llevado a cabo los últimos cinco años y no incluyen los decenios de trabajo anterior o la gran cantidad de estudios de investigación que sustentan muchas de las DestrezasVitales concretas. Presentamos esta visión panorámica para demostrar la cantidad de maneras en que el Programa Sin Estrés ha sido empleado con éxito y para ayudar a garantizar que usted practique regularmente estas herramientas de afirmación de la vida.

Como indicamos antes, el Programa Sin Estrés empezó como un intento por incluir el manejo del estrés en el programa HEARRT del Centro Stanford para la Investigación en Prevención de Enfermedades. HEARRT, un programa de gran alcance en cuanto a estrategias físicas y emocionales para reducir el riesgo de padecer enfermedades del corazón en personas propensas, incluía asistencia en el manejo de la presión arterial, asesoría nutricional, monitoreo del consumo de drogas y soporte con programas de ejercicio, y se implementaba en diversos lugares corporativos de la zona de la Bahía de San Francisco. Nuestra preocupación era que no incorporábamos los factores emocionales y psicológicos que, al igual que los físicos, servían para predecir la enfermedad del corazón.

Nuestro primer esfuerzo por incluir el manejo del estrés fue programar clases en el lugar de trabajo para los participantes en HEARRT. Aunque llevamos las clases hasta ellos, no asistía un número suficiente de personas y después de dos años dejamos de ofrecer esas clases en particular. En respuesta, creamos el Programa Sin Estrés y empezamos a poner a prueba las Destrezas-

Vitales concretas que están disponibles en este libro. Nuestro primer proyecto de investigación estableció que la competencia emocional y el manejo del estrés se podían enseñar rápida y eficientemente sin que se necesitara para ello un psicólogo u otro profesional de la salud mental.

Cada una de las Destrezas Vitales era expuesta en diez minutos o menos por una enfermera, muchas veces durante la consulta regular. A cada paciente se le daba una práctica guiada en una Destreza Vital de la misma forma como la presentamos en este libro, y luego el paciente se marchaba a casa con una hoja de práctica. Nuestros métodos eran afirmados por la forma positiva en que los pacientes respondían y por el entusiasmo con el cual practicaban las Destrezas Vitales. Las enfermeras reportaban que el Programa Sin Estrés marcaba una diferencia clara en la vida y la salud de sus pacientes. Además, el programa HEARRT les ayudaba a los participantes a reducir la incidencia y el riesgo de padecer enfermedades cardiovasculares.

La siguiente iteración del proyecto HEARRT incluyó el Programa Sin Estrés como componente central del entrenamiento para prevenir la enfermedad del corazón. Este proyecto se llevó a cabo con personas pobres de vecindarios deprimidos, muchas de las cuales no hablaban inglés. Cada una de las Destrezas Vitales fue traducida al español, y desde el comienzo a los pacientes se les dijo que estas habilidades eran parte esencial de la salud del corazón. El programa fue bastante exitoso y redujo los riesgos e incidencia de enfermedad del corazón además de mejorar estado de ánimo y calidad de vida.

A la vez, adaptamos las Destrezas Vitales para incorporarlas a un programa de prevención basado en Internet que estaba diseñado para los pilotos de una conocida aerolínea internacional. Los módulos de DestrezasVital se ofrecían en entregas semanales y se ponían a disposición en un lugar especial de Internet establecido para esta investigación. A los pilotos se les dijo que manejar su estrés y optimizar sus emociones reduciría el riesgo de padecer enfermedad del corazón y mejoraría su calidad de vida. Se les presentaron una por una las DestrezasVitales y se les pidió que las practicaran. El éxito de este proyecto demostró que nuestros métodos eran efectivos aun sin que una enfermera los enseñara.

Otro proyecto utilizaba Sin Estrés como componente central de un programa de educación que impartían enfermeras para ayudarles a las personas que ya sufrían enfermedades del corazón. El estudio fue llevado a cabo en varios lugares del país con pacientes que sufrían de angina, un dolor de origen cardiovascular producto de un reducido flujo de sangre. El dolor muchas veces acompaña al ejercicio y al estrés y puede ser temible. En este proyecto, se impartieron cuatro de los módulos de DestrezasVitales, uno a la semana, y de nuevo, cada uno era de diez minutos. El estudio mejoró exitosamente en un 10 por ciento la calidad de vida de los pacientes de angina. Los pacientes siguieron dando indicios de mejoría en bienestar aun cuando el entrenamiento ya hubiera terminado—la última medición se hizo dos meses después de haber enseñado las DestrezasVitales. Además, a los pacientes les gustó el contenido programado, dándole una calificación de 4.7 de un máximo de 5.0.

El Programa Sin Estrés también fue puesto a prueba con

éxito en una serie de tres investigaciones con asesores de servicios financieros. Este proyecto utilizaba los módulos con el propósito de ayudar a personas de negocios que pasaban por los efectos de una caída en la bolsa de valores. En lugar de entregarle a todo el mundo las mismas herramientas que en las investigaciones previas, elegimos DestrezasVitales concretas para cada persona. A cada uno de los asesores se le dieron tres DestrezasVitales y se le entrenó en su uso en su vida laboral y personal.

En este momento tenemos los resultados de los dos primeros grupos de participantes de los servicios financieros; los resultados del tercero aún están pendientes. Los resultados son muy emocionantes. Durante un período de un año, dos grupos de asesores pudo reducir su nivel de estrés en un 20 por ciento. Esto significa que un año después de iniciar el programa, se sintieron más en control y menos agobiados, incómodos y tensos. También aumentaron su experiencia de bienestar positivo en un 20 por ciento, lo cual quiere decir que se sintieron más capaces de hacer contacto con otras personas, percibieron un incremento en su capacidad de sentir placer y mejoraron su sentido de significado y propósito. Por último, los asesores de servicios financieros incrementaron sus ventas de año en año entre el 18 y el 24 por ciento. Muestras comparativas con el desempeño de sus colegas indican que el incremento en ventas de los demás fue del 4 al 11 por ciento. Esto significa que el Programa Sin Estrés no solamente les ayudó a los asesores de servicios financieros a estar más felices y padecer menos estrés sino que también les ayudó a aumentar significativamente su desempeño de base.

En su totalidad, este estudio nos demuestra que estamos en el camino correcto. Comprueba que las Destrezas Vitales son sólidas y que funcionan con diversos grupos de personas en una variedad de circunstancias de vida. Indica que hemos convertido exitosamente el manejo del estrés y la correspondiente competencia emocional en algo que está disponible y que se puede enseñar. Y lo mejor de todo, el Programa Sin Estrés fue más allá del simple hecho de ayudarles a los participantes en el estudio a disminuir el estrés; los participantes en el estudio demostraron una mejoría casi del 25 por ciento en los sentimientos positivos de conexión, paz, placer e interés. Estos resultados sugieren que las personas que utilicen este libro también recibirán ayuda.

Antes de darle instrucciones sobre cómo poner en práctica Destrezas Vitales concretas, queremos enseñarle acerca del estrés. Queremos que entienda sus causas y riesgos, e igualmente importante, que comprenda la relación entre el estrés y el desempeño óptimo. La meta de este libro es ayudarle a ir de la experiencia del estrés hacia el libre acceso a la zona de desempeño óptimo. Después de que aprenda algo sobre el estrés; sus causas y peligros, y entienda más sobre la zona de desempeño óptimo de su cuerpo, estará listo para saltar al agua y generar en su vida todos los beneficios del Programa Sin Estrés.

CAPÍTULO 2

El Estrés:
lo Bueno, lo Malo y lo Feo

Es un simple hecho que el estrés es parte de la vida. Nadie puede evitarlo. El estrés es la forma natural en que nos preparamos para enfrentarnos a las exigencias de la vida; es la forma como reaccionamos mental, física, emocional y espiritualmente a todos los retos de nuestra existencia cotidiana. El estrés existe cuando usted tiene que levantarse de la cama para poder ir al trabajo y cuando se mete otra vez entre las cobijas en la noche, antes de enfrentarse a otro día. El estrés lo empuja a preparar el desayuno cuando tiene hambre y lo empuja a quejarse cuando el desayuno está frío. El problema no radica en el estrés. Radica en cuánto estrés, con qué frecuencia experimenta el estrés, y (más importante) qué habilidades tiene para enfrentarse al estrés.

Las investigaciones han concluido que los sucesos que las personas experimentan como incontrolables o impredecibles son los que más estrés generan. De hecho, algunas personas definen el estrés como un sentimiento de que las cosas están fuera de control o que ya no pueden manejar o tolerar lo que está ocurriendo en su vida. Las investigaciones también han demostrado que cuando las personas son capaces de abandonar su necesidad de controlar, se sienten más felices, más satisfechas y menos estresadas.

Así como todos padecemos estrés, todos tenemos formas de manejarlo. Por ende lo que este libro enseña no es algo totalmente nuevo para el lector. La realidad es que para poder seguir con vida, todos hemos aprendido a manejar por lo menos algunas de las exigencias que tenemos. Si no contáramos con esas habilidades rudimentarias, estaríamos muertos. No obstante, algunos mecanismos de manejo (como las DestrezasVitales) funcionan, mientras que otros (como la represión emocional y abusar del alcohol) ciertamente no funcionan.

Lo que le enseñaremos es cómo volverse más diestro en el manejo del estrés, de modo que pueda pasar del estatus de aficionado al de professional. Algunas de las formas en que usted ya administra el estrés seguramente le funcionan en algunas circunstancias, pero en otras no. A medida que aprende sobre el estrés y cómo manejarlo, recuerde que no está empezando de cero. Ya hace bien algunas cosas (aun si, como es probable, hace algunas equivocadamente). Le mostraremos destrezas comprobadas y seguras que puede agregar inmediatamente a su repertorio.

Desgraciadamente, casi ninguno de nosotros practica de forma confiable las destrezas de manejo del estrés con las que ya cuenta. Y aun si lo hiciéramos, estas destrezas no son lo suficientemente poderosas en relación con muchas de las situaciones a las que nos enfrentamos. Poner en práctica las destrezas que pronto aprenderemos es una de las formas más efectivas de asegurar la salud y la felicidad. Por ejemplo, queremos poder prepararnos física y mentalmente para enfrentarnos a los retos de la vida. Prepararnos de esta forma para los retos nos permite hacer lo mejor, como el atleta profesional que se entrena para una competencia importante. Ese tipo de preparación es bueno. Nos sirve para manejar los retos de la vida diaria.

Las diez Destrezas Vitales se presentarán con todos los detalles entre los capítulos 3 y 12. Antes de cubrir destrezas específicas, no obstante, queremos enseñarle más sobre el estrés. Para entender mejor el poder de las Destrezas Vitales y cómo utilizarlas de forma óptima, es importante tener una comprensión clara del estrés y de sus efectos sobre el cuerpo y la mente. Describiremos la respuesta al estrés, articularemos las dos clases diferentes de estrés, discutiremos los peligros físicos de padecer demasiado estrés y definiremos la zona de desempeño óptimo. Una vez que entienda los mecanismos subyacentes al estrés, entonces estará listo para dejar que las Destrezas Vitales lo guíen a la par que usted trabaja hacia una existencia Sin Estrés.

El punto central: el exceso de estrés es malo para una persona. El estrés es un problema cuando las exigencias sobre su tiempo y su energía duran todo el día, día tras día, sin tregua. Usted sabe que tiene problemas cuando se despierta cansado o tiene dolor de cabeza empezando la mañana. Cuando está en este estado, no tiene oportunidad de relajarse antes de que su cuerpo tenga que prepararse de nuevo para otra cosa.

Con el tiempo, este cansancio y este dolor empiezan a drenar significativamente la energía que podría estar utilizando para otros aspectos de su vida. Lo desgastan. Desafortunadamente, en el mundo moderno de hoy, este sentimiento de agotamiento afecta con mucha frecuencia a demasiadas personas.

Cuando usted está en medio de una experiencia especialmente estresante, usted *sabe* que le está haciendo daño. Si el jefe le grita, por ejemplo, es claro que algo no anda bien. Nadie quiere que le hagan críticas; nadie quiere que le griten. Aunque uno ciertamente notaría, de una manera general, que desea alejarse de dicha situación, ¿qué tan a menudo nota realmente las reacciones de su cuerpo—que está respirando con más fuerza, que suda más y que tensa los músculos?

LA REACCIÓN AL ESTRÉS

Estos cambios corporales, respuestas universales de todas las personas, se llaman la reacción de luchar o huir, o *reacción al estrés*. Estas respuestas físicas al estrés nos preparan para luchar contra un enemigo o para correr hacia el lugar seguro. Nos preparan para manejar las amenazas a nuestro bienestar o situaciones que son peligrosas. Esta respuesta de luchar o huir es lo que en lo que la mayor parte de nosotros piensa cuando piensa en el concepto de estrés.

Imagine que camina por un sendero en el bosque. De repente ve un oso. Su corazón empieza a latir con fuerza, las manos le sudan y la respiración se hace más profunda y audible.

Ciertamente no tiene hambre, porque el miedo de convertirse en la cena del oso ha hecho que la sangre en su cuerpo se traslade de su estómago a sus piernas y brazos, preparando las extremidades para defenderse o escapar. Todos los sentidos están en alerta. Si el oso empieza a acercársele, tendrá que estar preparado. Necesitará o bien correr más rápido para escapar o, si esa opción falla, luchar con todas sus fuerzas para vencer.

Para crear esta respuesta de lucha o huida, el cuerpo tiene que estar en capacidad de prepararse rápidamente para hacer mucho más de lo que generalmente tiene que hacer. Y tiene que hacerlo si la amenaza es un oso o si es algo más mundano, como un jefe que le grita o llegar tarde al trabajo o estar sentado dentro de un avión que se está demorando para despegar. Siente el estrés y su cuerpo responde al redoble.

En nuestra vida diaria, las cosas que más comúnmente causan estrés no son amenazas claramente físicas, como la de encontrarse un oso. Los problemas de hoy en día son diferentes—como el jefe iracundo, las cuentas de cobro que se acumulan, congestiones de tráfico, adolescentes irascibles, dependientes groseros, fechas de entrega de trabajos y exigencias familiares. Estos sucesos normales del día a día desencadenan en el cuerpo la misma reacción de lucha o huida que desencadena encontrarse con un oso, aunque en realidad no hay forma de luchar contra ellas o de huir. Si va con retraso para el trabajo, ¿a dónde irá si está atascado en el tráfico? ¿Con quién va a pelear cuando, adelantando en el tráfico centímetro a centímetro durante media hora, llega hasta donde se encuentra el enorme accidente que hizo más lentas las cosas? ¿Va a huir de su propio hijo adolescente? (Sé que a algunos les encantaría, pero no es una buena solución a largo plazo.)

La razón por la cual el estrés es peligroso es que el cuerpo reacciona de la misma forma ante una factura incorrecta de teléfono como a la turbulencia extrema en un avión. Su cuerpo reacciona de la misma forma ante un agente grosero cuando usted llama a la aerolínea para quejarse del servicio que ante confrontar el oso en el bosque. En cada situación su cuerpo se prepara para protegerlo del peligro. Pero ¿a dónde lo lleva toda esa preparación? Hay poco que se logre con huir o luchar en el caso de la turbulencia del avión o en el caso de estar usted sentado en la sala analizando su última cuenta de cobro de servicios. La respuesta al estrés está diseñada en condiciones óptimas para protegernos de peligros directos, identificables y de corto plazo. No obstante, en la vida moderna, la mayor parte del tiempo la fuente de nuestro estrés no es directa sino indirecta, como en los inconvenientes diarios de ir al trabajo y regresar de este; no es identificable sino que es más bien una vaga sensación de sobrecarga; y no es de corto plazo sino una corriente que no cede ni en días, ni en semanas e incluso meses, como en el frustrante recorrido cotidiano al trabajo o una enfermedad grave en la familia. De hecho, para la gran mayoría de las causas modernas de estrés, luchar o huir sería totalmente inútil. Y esta es una de las principales razones por las que nuestras estrategias actuales para combatir el estrés no funcionan.

Ponemos en práctica con demasiada frequencia soluciones

inútiles de lucha o huida y nos preguntamos por qué nunca logramos el control de nuestra vida. Cuando esto ocurre por períodos prolongados de tiempo, nuestro cuerpo se rompe por el eslabón más débil en la forma de un síntoma como el dolor de cabeza o de un trastorno relacionado con el estrés (como la diabetes). De esta forma el estrés puede literalmente convertirse en un asesino.

EFECTOS FÍSICOS DE LA REACCIÓN AL ESTRÉS

La reacción de luchar o huir, es la forma específica como el cuerpo se prepara para enfrentar una amenaza; es una expresión perfectamente normal y perfectamente sana—de hecho, la necesitamos para sobrevivir. Por ende, una respuesta al estrés que funciona bien es una indicación de que el sistema nervioso está activo y saludable. Nuestro cuerpo reacciona con la respuesta de lucha o huida cuando nos sentimos abrumados, sentimos que estamos en peligro o simplemente nos enfrentamos a demasiadas cosas por hacer y muy poco tiempo para hacerlas.

Cuando usted experimenta la respuesta al estrés:

- El corazón bombea más de prisa para llevar más sangre a sus músculos.
- La presión sanguínea se eleva a medida que sus arterias se estrechan y el corazón late más de prisa.
- La respiración se hace más veloz para llevar más oxígeno a la sangre.

- Los músculos se tensan en preparación para la acción. Esto puede producir una sensación de dolor muscular y de rigidez o incluso espasmos musculares y dolor de espalda.

- El flujo sanguíneo a la corteza prefrontal (o centro de raciocinio elevado) del cerebro disminuye a medida que más sangre se dirige a la parte límbica (o más primitiva) del cerebro.

- Su digestión se detiene para que haya más sangre disponible para el cerebro y los músculos. El resultado puede ser malestar estomacal o incluso "síndrome de colon irritable" o malestar e hinchazón abdominal.

- Suda más para ayudarle a su cuerpo a refrescarse y también para volverlo más ligero en preparación a un eventual enfrentamiento físico.

- Las pupilas se ensanchan y sus sentidos de olfato y audición se hacen más agudos para garantizar que su desempeño sea óptimo.

- Las arterias alrededor del corazón desarrollan una mayor inflamación y esfuerzo.

- El sistema inmune, que lo protege de infecciones bacterianas y virales, se disminuye.

Al mismo tiempo que experimentamos estas respuestas físicas al estrés, hay una respuesta sicológica igualmente poderosa. Para poder enganchar nuestras técnicas de supervivencia, enfocamos exclusivamente el peligro inmediato. Este enfoque mantiene su atención en el problema que tiene entre manos, pero limita su capacidad de raciocinio para encontrar soluciones. Por ejemplo, cuando un automóvil está a punto de cruzar la separación y golpearlo a usted, toda su atención y su actuar se concentran en esquivarlo. En lugar de *pensar* en el peligro, usted *reacciona* a este.

Como lo anotábamos antes, uno de los mecanismos de supervivencia incluidos en la respuesta al estrés es que el flujo sanguíneo hacia la corteza prefrontal disminuye y se dirige al sistema límbico. Mientras que la corteza prefrontal le permite *pensar* acerca del peligro cuando está sereno, el sistema límbico, alimentado durante el estrés por un flujo adicional de sangre, le permite *reaccionar* a éste. A medida que el flujo de sangre a la corteza prefrontal disminuye, la actividad eléctrica en esa área se vuelve menos coherente y menos poderosa, y la capacidad de razonar disminuye a la par.

Estos cambios mentales están allí para protegernos en una situación de amenaza como un ataque o una caída escaleras abajo. Le permiten a nuestra mente reaccionar al peligro mediante hábitos automáticos que ocurren rápidamente sin que siquiera tengamos que pensar. Si un auto viene hacia nosotros, no tenemos que decirle al cerebro que se concentre en el problema en cuestión o decirle a la respiración que se haga superficial o a las piernas que se muevan. Estas son respuestas automáticas desencadenadas por el cerebro límbico para salvarnos la vida.

Desafortunadamente, este enfoque basado en el peligro

muchas veces excluye otras posibilidades, como ser capaces de ver el punto de vista de la otra persona en una discusión. La respuesta de lucha o huida nos mantiene aferrados a la percepción de que estamos en peligro porque nuestra atención está limitada y nuestro cuerpo está tenso. ¿Cuántos de nosotros no les hemos hecho daño a personas que amamos porque nos hemos sentido estresados y tensos? La respuesta de lucha o huida puede hacer que persistamos en ser obstinados en una situación de crisis laboral o familiar cuando lo que en realidad necesitaríamos sería flexibilidad y comprensión. Cuando finalmente nos serenamos, encontramos las palabras adecuadas, las acciones adecuadas, que no estaban a nuestro alcance cuando estábamos bajo los efectos del estrés.

En un nivel psicológico, la respuesta al estrés nos lleva con demasiada frecuencia a tomar decisiones deficientes que limitan nuestra capacidad de manejar los retos de la vida. Por ejemplo, la respuesta de estrés cuando una persona atraviesa su automóvil delante del suyo es enojarse y apoyarse sobre la bocina. Quizás esto no sea solamente fútil, quizás a lo mejor genera un mayor peligro para usted y su familia en esta era de rabia de carretera y del uso de los automóviles como armas. Igualmente, una respuesta de estrés en casa puede hacer que durante una discusión digamos lo que no deberíamos y por ende llenemos el resto de la noche de tensión y mal genio. El punto central es que la respuesta de lucha o huida genera en la mente una rigidez e inflexibilidad que acompañan la tensión y el malestar de los músculos y del sistema del esqueleto.

Mientras que la respuesta básica de lucha o huida es igual para cada persona, los eventos internos y/o externos que desencadenan esta respuesta son variados. Lo que hace difícil el manejo del estrés es que todo el mundo reacciona de manera diferente. Algunas situaciones son estresantes para casi todo el mundo, como que su pareja desarrolle la enfermedad de Alzheimer o incumplir una fecha de entrega importante de un trabajo. No obstante, aun en estas situaciones, la intensidad de la respuesta será diferente entre distintos miembros de la misma familia. Dicho de manera simple, las personas responden de manera diferente al estrés y lo manejan de forma diferente.

Al enfrentarse a una situación difícil, usted puede ser el tipo de persona que primero pierde los estribos y luego se serena mientras que su pareja tiende a quedarse molesta en un nivel modesto pero durante varios días. Otras situaciones, como ser el centro de atención, pueden ser divertidas para usted pero temibles para su mejor amigo. Por ende (excepto en ciertos casos de peligro físico extremo) nunca podemos decir que una situación en particular es inherentemente estresante o que no lo es.

Quizás a usted le encante hablar en público y disfrute de charlar con extraños cuando espera en una fila; quizás su amigo deteste ser el centro de atención y no soporte esperar en una fila. Quizás le resulte estresante estar atascado en el tráfico, aunque nada terrible esté ocurriendo en realidad, mientras que a su amigo a lo mejor no le importa tener unos cuantos minutos en que no tiene nada qué hacer sino actualizarse en las noticias mediante el radio del auto. Aunque objetivamente hablando, existe escaso peligro para la persona que siente estrés por tener que esperar en la fila o hablar en público o esperar en el tráfico, la respuesta de lucha o huida se ha iniciado de todos modos, mientras que la persona que no encuentra estresantes estas situaciones no se afecta físicamente. El hecho de que el estrés sea una experiencia personal significa que es esencial aprender y poner en práctica las Destrezas Vitales.

PERFIL DE LOS DOS TIPOS DE ESTRÉS

La definición técnica de estrés es la cantidad de energía que usted necesita para ajustarse a las exigencias internas y externas de su vida en un determinado período de tiempo. El estrés es el equilibrio entre lo que tiene que hacer y los recursos que tiene para hacerlo. Eso significa que algo estresante el lunes puede no serlo el martes, cuando tiene mucho tiempo y mucha ayuda.

Cuando equilibramos lo que tenemos que hacer contra nuestros recursos, resulta ser que el recurso del que casi universalmente estamos cortos en el mundo moderno de hoy, es el tiempo. Aunque, como vimos antes, lo que desencadena el estrés difiere de persona a persona, casi todos estamos familiarizados con el estrés que resulta cuando tenemos que hacer más cosas de las que nos permite el tiempo disponible. Ese es ahora un problema común, cuando cada día hay más por hacer en casa y en el trabajo y menos y menos tiempo para hacerlo. Pero las presiones de tiempo no son la única clase de estrés.

Existen dos categorías principales de estrés. Existe el estrés de llegar tarde al trabajo y el estrés de tener un marido que está enfermo. Existe el estrés de estar sobregirado en el banco con un cheque, y existe el estrés de sobregirarse con todos los cheques de la chequera. Existe el estrés de un argumento con la pareja y existe el estrés de las discusiones diarias de un matrimonio con problemas. Aunque su cuerpo reacciona con la respuesta de lucha o huida en ambos casos, es importante distinguir entre los dos tipos de estrés.

El estrés Tipo 1 ocurre cuando la fuente del estrés es inmediata e identificable, y cuando el estrés puede ser resuelto en un período corto de tiempo. Este tipo de estrés es generalmente incómodo, pero a menudo para sobrevivir es necesario enfrentarlo. Por ejemplo, evitar un inminente accidente de tráfico o recuperar el equilibrio cuando se está escalando una montaña, es estrés del Tipo 1. Esta clase de estrés también puede ser placentera en muchas situaciones—por ejemplo, la emoción que se siente al esquiar por la pendiente nevada, o cuando se logra un golpe perfecto en golf, o cuando logra manejar perfectamente una gran ola durante su rato de surf. La corriente de energía que se experimenta en todas estas situaciones proviene de que su cuerpo y su mente están incrementando la alerta física mediante la liberación de adrenalina, la hormona del estrés, que prepara al cuerpo para la acción urgente, y de endorfinas, que al mismo tiempo apagan la sensación del dolor en el cuerpo.

Pensándolo bien, nos damos cuenta de que el corazón está

diseñado para funcionar continuamente bajo variados grados de estrés. De hecho, está diseñado para durar toda una vida y para manejar flexiblemente muchas situaciones diferentes. El corazón necesita acelerarse durante una discusión y desacelerarse para que usted pueda distrutar el atardecer. El latido flexible y resiliente del corazón, el resultado de que los músculos del corazón se contraigan y se relajen, refleja la respuesta física óptima del cuerpo ante el estrés.

Un solo latido del corazón, según está representado en este electrocardiograma (EKC) es perfectamente esquemático para la respuesta Tipo 1 al estrés:

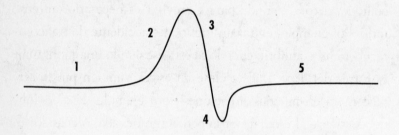

- La fase 1 muestra el ritmo cardíaco normal de su cuerpo en descanso, el patrón de respiración y otros signos vitales.
- La fase 2 muestra la respuesta inicial del cuerpo ante un reto. Un aumento rápido del ritmo cardíaco, de la respiración y de la tensión muscular, y otros signos vitales ocurren durante la curva ascendente de la fase 2. Esta es la representación visual de la respuesta

de lucha o huida, el método del cuerpo para prepararse para defenderse a sí mismo o para escapar de una amenaza inmediata.

- La fase 3 muestra lo que ocurre después de que se ha enfrentado un reto. El cuerpo se relaja y todos los signos vitales empiezan a regresar a la normalidad.
- La fase 4 revela que los signos vitales del cuerpo de hecho bajan a un nivel inferior al normal para compensar por las exigencias adicionales que se le han impuesto al cuerpo durante la fase 2. A esto se le denomina rebote.
- En la fase 5 el cuerpo regresa a su estado normal de descanso.

Para ilustrar las cinco fases normales del estrés del Tipo 1, aplicaremos este proceso a una situación común, un accidente que se evitó por poco:

- Fase 1: Usted va conduciendo por la autopista.
- Fase 2: A medida que un auto empieza a pasarse para su carril, usted entra en alerta y se concentra. El diafragma, ese ancho músculo debajo de los pulmones que le ayuda a respirar, se aprieta, de modo que usted empieza a hiperventilar (o a respirar con inhalaciones cortas y superficiales) para lograr que llegue al cerebro todo el oxígeno posible.
- Fase 3: Instintivamente evitando la colisión, usted

respira profundo o suspira con alivio, liberando la
tensión en el diafragma.

- Fase 4: Se siente tembloroso, nervioso y/o un poco
  desorientado. Estas sensaciones son el resultado de que
  sus músculos se relajen y/o el ritmo cardíaco y la presión
  arterial desciendan más de lo normal para compensar el
  aumento en el nivel de actividad durante el riesgo
  inminente de colisión.
- Fase 5: Usted regresa a la normalidad y sigue
  conduciendo por la autopista.

El estrés Tipo 2 (o de largo plazo), ocurre cuando la fuente
del estrés es poco clara, no es inmediata, y a veces ni siquiera es
reconocible. Desafortunadamente, gran parte del estrés que
usted encara día a día pertenece a esta categoría. Ejemplos comunes del estrés Tipo 2 incluyen el conflicto crónico con el jefe
o colega, la preocupación constante acerca del desempeño es-
colar de su hijo, un problema de salud continuo, un problema
matrimonial agudo como una separación o un divorcio. Este
tipo de estrés genera para el cuerpo y la mente unas exigencias
muy diferentes que el estrés del Tipo 1.

Aunque cuando se experimenta estrés del Tipo 2, el cuerpo
no está respondiendo a una amenaza inmediata e identificable,
el cuerpo reacciona como si este fuera el caso porque no puede
distinguir entre el peligro físico potencial y su continua insatisfacción con la crítica y el sarcasmo de su jefe. Lo que usted cree
que le causa estrés acaba causándolo porque su cuerpo reac-

ciona de la misma forma a un peligro inmediato que al recuerdo de un insulto de hace dos semanas.

A continuación se presenta un diagrama de la respuesta del cuerpo al estrés Tipo 2.

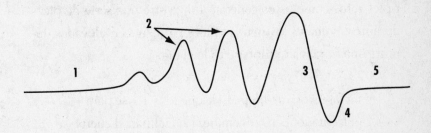

Esta respuesta es muy diferente de la respuesta que se presenta ante el estrés Tipo 1, la cual vimos anteriormente. La respuesta Tipo 2 agota su cuerpo y puede literalmente matarlo:

- La fase 1 representa el ritmo cardiaco, el patrón de respiración y otros signos vitales en el estado normal de su cuerpo en reposo.
- La fase 2 incluye una serie de picos y valles que representan la respuesta del cuerpo a una serie de retos.

Por ejemplo, usted trabaja en una oficina y el lunes por la mañana usted va y se enfrenta a una inesperada fecha de entrega. Esto produce un rápido aumento en el ritmo cardiaco y en la respiración, tensión muscular y otros signos que se indican en el primer ascenso de la curva en la fase 2. Una vez que ha manejado ese reto, recibe una llamada de la escuela de su hijo en la que le dicen que se ha metido en problemas. Cuando usted está apenas digiriendo esta información, su jefe le dice que el trabajo que usted hizo es impreciso y que tiene que rehacerlo. Estas experiencias causantes de estrés continúan a lo largo del día. Múltiples retos como estos generan a la postre una serie de picos durante los cuales los signos vitales permanecen elevados durante una hora, varias horas o todo el día.

- La fase 3 ocurre después de que los retos se han enfrentado. El estrés empieza a declinar, el cuerpo se relaja y los signos vitales empiezan a regresar a la normalidad. No obstante, su cuerpo queda agotado por la respuesta sostenida al estrés. Los síntomas de esta fase pueden incluir la fatiga y/o "la caída de las cuatro de la tarde." Estas indicaciones de fatiga son más notorias después de que la respuesta al estrés ha pasado y usted tiene tiempo de reflexionar sobre el día y sus exigencias.

- En la fase 4, los signos vitales del cuerpo descienden por debajo de lo normal para compensar por las múltiples exigencias que se le han hecho al cuerpo en la fase 2. Puede experimentar síntomas como debilidad muscular (debido a un agotamiento de las reservas de energía en el tejido muscular), desorientación (debido a una disminución de la velocidad de las ondas del cerebro para que éste pueda compensar las exigencias de la respuesta al estrés) o una sensación de "bajón" (debido a una reducción en los niveles de azúcar y a la fatiga mental).

- Finalmente, el cuerpo regresa en la fase 5 a su estado normal.

Como se muestra en el diagrama en la página anterior, el estrés del Tipo 2 es el resultado de la respuesta saludable del cuerpo al estrés del Tipo 1 que se prolonga demasiado tiempo. La respuesta perfectamente normal del cuerpo a los retos puede ser destructiva cuando estos retos se experimentan durante un tiempo muy prolongado—horas, días, semanas, e incluso meses. Mientras más tiempo esta respuesta negativa perdure, más severos serán los síntomas de angustia.

El resultado del estrés del Tipo 2 consiste muchas veces de síntomas físicos de malestar o el comienzo de complicaciones serias. Como suele ocurrir, con el tiempo los síntomas se agravan: el primer resultado del estrés del Tipo 2 puede ser el cansancio; el siguiente, después de que ha transcurrido otro día agotador, puede ser un dolor de cabeza que se suma a la fatiga. A medida que las tensiones se suman una a la otra, los síntomas muchas veces se intensifican y se agudizan. Si el estrés continúa, el cuerpo puede llegar a descomponerse por su parte más débil y a desarrollar una enfermedad, como hipertensión o diabetes. En última instancia, el estrés que se pasa de la raya limitará la capacidad general de su cuerpo de sanarse a sí mismo.

A continuación algunos ejemplos comunes de lo que ocurre en su cuerpo como resultado directo de un estrés del Tipo 2 que no se ha manejado.

- Un aumento de la tensión muscular puede resultar en espasmos musculares, dolores de espalda y/o dolor de cabeza crónico.
- Los cambios en la respiración pueden resultar en una falta de aliento o en una respiración superficial y veloz (hiperventilación).
- El aumento del ritmo cardiaco puede producir latidos irregulares (arritmia) o un latido excesivamente veloz (taquicardia).
- El incremento en la actividad del cerebro puede conducir a la ansiedad, a pensamientos veloces, a una falta de concentración o a síntomas depresivos cuando el cuerpo se está tratando de recuperar del estrés.
- La actividad intestinal puede convertirse en síndrome de colon irritable, diarrea, acidez estomacal, e incluso enfermedad de reflujo gastroesofágico.
- El uso de una visión agudizada por amplios períodos de tiempo puede resultar en fatiga ocular.
- El aumento en la inflamación de las arterias coronarias puede llevar a enfermedad del corazón.
- Un debilitamiento del sistema inmune puede llevar a un aumento en el riesgo de infecciones, resfriados, influenza, y otras enfermedades comunicables así como

a un período más prolongado de recuperación cuando ya se está enfermo.

El estrés del Tipo 2 puede desencadenar hipertensión y problemas estomacales y de la espalda así como una condición más grave, como la enfermedad cardiaca o incluso un ataque al corazón. El estrés del Tipo 2 no desaparece simplemente para dejarlo a usted en paz; es implacable. Sigue indicándole que usted está excediendo los límites de su mente y su cuerpo y que debe hacer algo al respecto. Si presta atención al comienzo y actúa para corregir, seguramente estará bien. Pero si hace caso omiso de estas señales tempranas de advertencia, los síntomas del cuerpo seguirán empeorando hasta que usted les preste atención o hasta que con el tiempo lo inmovilice una enfermedad asociada al estrés.

Cuando usted experimenta estrés demasiado a menudo o durante demasiado tiempo, empieza a sentir los efectos negativos del estrés Tipo 2. Todo el espectro de consecuencias anotadas anteriormente quizás no le toquen, puesto que los efectos son diferentes según la persona. Algunas personas se sienten cansadas, otras se sienten nerviosas o ansiosas, y aun otras se quejan de estar demasiado irritables. Algunas personas se dan cuenta de que se enferman más a menudo, o cometen más errores en el trabajo. Desde luego que es normal enfadarse o enfermarse de vez en cuando. Pero cuando esto sucede con demasiada frecuencia es cuando usted haría bien en echar un vistazo a lo que está ocurriendo en su vida. Enfermarse, sentirse cansado y/o irritable puede ser una señal de que el estrés del Tipo 2 lo está agotando.

La conexión entre el estrés y su salud física o emocional no siempre es obvia, pero es poderosa. Todos damos por descontado que los resfriados y otras enfermedades tienen causas físicas, como un virus o una bacteria—de hecho, los médicos saben que nuestros cuerpos siempre están combatiendo infecciones— pero esos agentes de la enfermedad no siempre tienen toda la responsabilidad de que nos enfermemos. Padecer un exceso de estrés limita nuestra capacidad de combatir los virus y las bacterias que nos rodean, porque el estrés debilita la respuesta inmune. Cuando los recursos del cuerpo se consumen debido a la respuesta al estrés del Tipo 2, no nos quedan defensas para combatir al *verdadero* enemigo interno.

Es un dato científico que los resfriados y la gripe ocurren más a menudo y tienen un tiempo más prolongado de recuperación cuando las personas están bajo estrés. Las investigaciones han comprobado esto con los estudiantes en período de exámenes, personas mayores que enviudan o pierden a un amigo, contadores durante el período de pago de impuestos y el personal militar durante el combate. La respuesta al estrés del Tipo 2 explica por qué las personas que padecen estrés se enferman más a menudo. Se estima que entre el 50 y el 80 por ciento de todas las consultas médicas se originan en problemas relacionados con el estrés.

LA ZONA DE RENDIMIENTO ÓPTIMO

La *zona de rendimiento óptimo* es el nombre que le damos al estado de equilibrio y efectividad que las personas tienen la capacidad de crear cuando se enfrentan exitosamente a su estrés del Tipo 2. El Programa Sin Estrés hace parte del campo de la medicina mente/cuerpo—es decir, la medicina que tiene en cuenta tanto el cuerpo como la mente a la hora de buscar las causas y las curas de las enfermedades. Ha surgido todo un bagaje de investigación médica que demuestra los efectos positivos que tiene para una gran cantidad de personas en las más diversas circunstancias el uso de la medicina mente/cuerpo. Estas prácticas son cada vez más aceptadas como terapias alternativas dentro del mundo médico convencional.

Mientras que el estrés puede inducir o agravar una gran variedad de enfermedades, la investigación médica demuestra que practicar la medicina mente/cuerpo tiene un impacto positivo sobre la enfermedad cardiovascular (como la hipertensión y la insuficiencia cardíaca congestiva) el insomnio, el dolor crónico, la fibromialgia, la artritis y la incontinencia; mejora los resultados del pre y post operatorio; sirve como adición al tratamiento del cáncer (aliviando las náuseas que produce la quimioterapia); ayuda al tratamiento de alergias, asma, trastornos dermatológicos, diabetes, síndrome de colon irritable, úlcera péptica, zumbido en los oídos y los problemas respiratorios que se derivan de trastornos crónicos de obstrucción pulmonar; desacelera el avance del VIH y el SIDA; sirve para la rehabilitación post derrame y post ataque al corazón y mejora los resultados de la concepción y del embarazo.

Es debido a que cada uno de nosotros tiene una respuesta al estrés tan sumamente bien afinada y a que podemos sufrir los efectos del estrés Tipo 2 que lo contrario también es cierto: descubrir la zona de rendimiendo óptimo y menguar nuestra respuesta de luchar o huir nos permite disminuir el desgaste que sufre el cuerpo, sentirnos más en control y tomar mejores decisiones. El éxito del Programa Sin Estrés para reducir o administrar el estrés se basa en que es muy efectivo para descomponer el estrés del Tipo 2 en incrementos más manejables del estrés Tipo 1. Se ha comprobado que las DestrezasVitales que enseñamos son destrezas de manejo del estrés que, con la práctica, lo harán funcionar a usted en su zona de rendimiento óptimo.

En esa zona experimenta suficiente estrés para sentirse emocionado, para sentir la necesidad de esforzarse y para sentirse que esta participando en la vida, pero no experimenta tanto de este que se sienta agotado ni abrumado física, mental o emocionalmente. Puede imaginar esta zona como un lugar en el cual usted triunfa sobre los retos que encara en la vida en lugar de ser víctima de estos. Tenga la seguridad de que las DestrezasVitales que le mostraremos le ayudarán a desarrollar esa zona y a funcionar dentro de ella.

A continuación se presenta un diagrama que ilustra su zona de rendimiento óptimo en relación con los modelos de estrés que le mostramos anteriormente en esta sección:

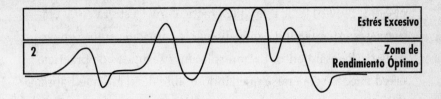

Aprender a desarrollar su zona de desempeño óptimo es engañosamente simple. Lo único que necesita hacer es romper los efectos destructivos acumulativos y negativos del estrés del Tipo 2 en experiencias manejables, de corta duración e incluso placenteras, del Tipo 1. Hacerlo es más simple de lo que usted cree. El propósito de este libro es enseñarle cómo.

Cada uno tiene por lo menos una respuesta física o sicológica al estrés que le indica que se enfrenta a una situación difícil. Puede ser tensión muscular, un espasmo, pequeñas contracciones sucesivas en el párpado, la boca seca, las manos frías y húmedas, sudor o irritabilidad. Esa es su señal de que el estrés del Tipo 2 empieza a tener repercusiones negativas sobre su salud, su estado de ánimo y su desempeño. Tan pronto reconozca esta intermitente luz amarilla de advertencia, es hora de implementar una de las DestrezasVitales que aprenderá en las siguientes páginas. Mediante la práctica, puede aprender a dejar atrás la respuesta al estrés y a entrar a voluntad en su zona de desempeño óptimo.

Cuando usted practica las DestrezasVitales, su ritmo cardíaco, presión arterial y respiración descienden a un nivel normal (e incluso un poco por debajo de lo normal, para compensar el estrés previo). Cada vez que practica una DestrezaVital, empieza a regresar la sangre que salió de la parte del cerebro encargada del pensamiento. En tan solo unos segundos de práctica, usted puede recuperarse quedándose libre del daño que habría ocurrido. Entonces puede continuar lo que estaba haciendo—trabajando, conduciendo, ocupándose de los hijos o incluso discutiendo con su pareja—hasta que aparezca la siguiente luz de advertencia y usted otra vez ponga en práctica una de las DestrezasVitales.

Mediante la práctica continua de estas habilidades, pasará más tiempo en un estado en el que está mentalmente alerta y físicamente relajado. Durante más tiempo estará en capacidad de manejar las presiones y los retos. En esa zona de rendimiento óptimo, hará, pensará y reaccionará de la mejor forma posible para usted, con pocos (o ninguno) de los efectos tóxicos del estrés del Tipo 2.

A continuación un ejemplo de cómo les enseñamos a los trabajadores de una compañía a utilizar el Programa Sin Estrés para mejorar su salud y productividad. Esta compañía tenía una alta tasa de empleados con dolores musculares y/o dolores del túnel carpiano, así como numerosos casos disciplinarios y quejas del sindicato. Quedamos aterrados cuando conocimos el departamento de procesamiento de cuentas de cobro. Los trabajadores se sentaban ante terminales donde los sobres con los pagos procedentes de los clientes entraban rápidamente a una ranura donde eran abiertos. En cuestión de segundos, un trabajador debía determinar si el cheque había sido adjuntado, si estaba girado por la cantidad correcta, si estaba firmado, si había sido enviado dentro del plazo, si había cobros pendientes, y toda una gama adicional de decisiones por tomar en un instante. En segundos, otra factura entraba a la ranura para ser procesada. Este proceso repetitivo duraba *horas*.

Era imposible haber diseñado una situación más apropiada para producir estrés del Tipo 2—o para permitir el estudio de este tipo de estrés. Nuestra investigación consistió de elegir al azar un grupo de trabajadores para que aprendieran una de las DestrezasVitales y luego permitirles interrumpir el flujo de sobres cuando quisieran utilizar esta destreza para aliviar su estrés. Lo que descubrimos era que, aunque los trabajadores podían detener las máquinas de procesamiento de cuentas en cualquier momento, en realidad se tomaron menos descansos no programados y procesaron más cuentas de manera precisa. Y lo mejor de todo fue que lo hicieron sin experimentar prácticamente ninguno de los síntomas de estrés. Estos trabajadores aprendieron una DestrezaVital concreta que les permitía relajarse a voluntad. Como resultado, funcionaban a lo largo del día en su zona individual de desempeño óptimo y gozaron de mejor salud y menos fatiga. La compañía reportó mayor precisión y mejoría en el desempeño, menos desembolsos por incapacidad, y menos quejas por parte del sindicato.

Hemos aplicado ese mismo procedimiento para ayudar a otros trabajadores a mantener su zona de rendimiento óptimo—contadores durante la época de impuestos, pilotos de avión en los espacios cerrados de la cabina de mando, controladores de tráfico aéreo en grandes aeropuertos, y atletas profesionales que buscan un mejor rendimiento. En cada caso, el enfoque ha sido el mismo: cada grupo de trabajadores aprendió una DestrezaVital y luego recibió permiso para utilizarla cuándo sintiera que la necesitaba. En cada grupo, el rendimiento mejoró, la fatiga disminuyó y la salud mejoró. A su vez, los empleadores fueron testigos de un desempeño más preciso, de una mayor productividad, y de menos desembolsos por incapacidad.

Cada uno de ustedes tendrá la oportunidad de utilizar estas DestrezasVitales para efectuar un cambio positivo en su vida. Puede practicar una DestrezaVital con su familia cuando o las cosas se recalienten; puede practicar otra en el trabajo cuando impere el caos; puede utililizar otra DestrezaVital cuando esté en una consulta médica o cuando su avión se esté impulsando para despegar. Descubrirá que a medida que entra en su zona de desempeño óptimo de manera más expedita, menos situaciones desencadenan su respuesta de lucha o huida. Descubrirá que con el tiempo su respuesta al estrés se activa solamente en el tipo de situaciones para las cuales fue diseñada—es decir, cuando necesita la tensión y sentido de urgencia para mantenerlo a salvo del peligro. En otras situaciones se mantendrá enfocado y alerta, capaz de manejar exitosamente los retos que se le presenten.

En los diez capítulos siguientes, ofrecemos y enseñamos una DestrezaVital por capítulo. Cada capítulo empieza con una explicación de la DestrezaVital, una descripción de su valor, y una selección de las investigaciones que respaldan la escogencia de esa DestrezaVital. Cada capítulo incluye historias de personas con quienes hemos trabajado—personas que ahora utilizan exitosamente las DestrezasVitales bien sea en su trabajo o en su vida de hogar (o en ambos). Finalmente, cada capítulo concluye con una guía de instrucciones paso a paso para enseñarle exactamente cómo aprender y practicar la DestrezaVital que se le presenta.

CAPÍTULO 3

Respire Desde el Abdomen

Maddy vino a la clínica porque estaba agotada. Todos los días se despertaba cansada y se acostaba cansada. ¡Estaba incluso cansada de estar cansada! Además de estar cansada, Maddy también se sentía con estrés y con exceso de trabajo. A ella le gustaban las diversas piezas de su vida, pero el todo era demasiado. Además de trabajar unas cincuenta horas a la semana en un trabajo que le encantaba, Maddy tenía dos hijos, un perro y un marido a quien rara vez veía. Tenía cuarenta y un años pero se quejaba de sentirse de sesenta. Desde un punto de vista objetivo, su vida funcionaba. Tenía éxito en el trabajo, tenía dos hijos encantadores y había mantenido un buen matrimonio durante diecisiete años. Su esposo la amaba y ella lo amaba a él.

Lamentablemente, desde el punto de vista de Maddy, su vida estaba lejos de ser exitosa. El estrés y la fatiga que sentía la mayor parte del tiempo le hacían casi imposible apreciar a su familia y apreciar sus logros. Mientras que su vida se veía bien desde fuera, dentro se sentía hueca y vacía.

Al cabo de numerosas consultas con el médico de la familia y de una serie de costosas pruebas médicas, a Maddy le diagnosticaron síndrome de fatiga crónica. Fatiga crónica era más una descripción de su condición que un diagnóstico, reflejando el hecho de que el médico no lograba encontrar una causa natural de su incesante fatiga. El diagnóstico le proporcionó a Maddy escaso consuelo y seguía sintiéndose infeliz.

Maddy era una mujer obviamente atractiva, inteligente y de buena disposición. Al primer vistazo nadie imaginaría la presión que sentía ni su agobio. Hablaba claramente y era colaboradora y de inteligencia penetrante. Tenía un buen sentido del humor y se reía de nuestros chistes. No obstante, pronto vimos y escuchamos que algo no encajaba en este cuadro. Maddy repetía una y otra vez la palabra cansada, y comunicaba una sensación casi palpable de que a su vida le hacía falta algo. "Sé que debería ser más feliz de lo que soy," nos dijo. "¿Me pueden ayudar?"

Desde el comienzo de nuestro período con Maddy, nos llamó la atención la simple observación de que su respiración era demasiado superficial. A su cerebro y a su cuerpo no les llegaba suficiente oxígeno y por ende tenía el sistema nervioso permanentemente sobrecargado. Su patrón actual de respiración estaba, en efecto, privándola de oxígeno; se estaba ahogando.

En lugar de respirar lenta y profundamente, Maddy respiraba en inhalaciones cortas que a duras penas movían su diafragma. Incapaz de proporcionar la energía requerida por las cientos de miles de reacciones químicas de su cuerpo, la respiración de Maddy era rápida y carecía de la profundidad necesaria.

Su respiración servía de espejo a la sensación de inquietud que ella expresaba. Nuestro diagnóstico fue rápido: inmediatamente nos dimos cuenta de que Maddy necesitaba practicar la primera DestrezaVital, respirar con el abdomen. Esta es la DestrezaVital más simple y más importante. Es simple porque lo único que tenemos que hacer es respirar de la forma como el cuerpo fue diseñado para respirar e importante porque la forma como respiramos es central a cuánto estrés padecemos.

Le enseñamos a Maddy a respirar más lentamente. Le mostramos cómo enfocar su atención en su abdomen a medida que inhalaba y exhalaba. Nos aseguramos de que su abdomen se levantara cuando inhalaba y que bajara cuando exhalaba. La orientamos en la práctica de las asombrosas propiedades anti estrés de la respiración abdominal, y vimos cómo su vida cambiaba. Increíblemente, en unos pocos días, Maddy ya no estaba permanentemente agotada. Estaba disfrutando tangiblemente de sus hermosos hijos y llegando a casa a las cinco en punto debido a su mayor productividad en el trabajo. Habíamos pasado en total menos de una hora con Maddy. Nos tardó quizás diez minutos de instrucción y práctica orientada para que ella aprendiera a respirar con el abdomen y a esa sesión de instrucciones le siguió apenas otra visita a la clínica.

Además de Maddy, hemos trabajado con muchas otras personas que han sacado provecho de la respiración abdominal. Jack, por ejemplo, luchaba con un problema de ciática. Después de un accidente de bicicleta, había tenido durante nueve meses un dolor que irradiaba desde la cadera y bajaba por la pierna.

Muchas veces estaba de mal genio y lleno de conmiseración por sí mismo. Jack tenía cuarenta y siete años al momento del accidente y había sido sano toda la vida. No estaba preparado para los rigores de un cuerpo que ya no obedecía todas sus órdenes. El médico le había dicho que ya no había nada qué hacer. No era candidato a cirugía, y el quiropráctico solo le había proporcionado alivio temporal. Fue remitido a nuestra clínica porque estaba enloqueciendo a su esposa. Ella pensaba que él estaba obsesionado por su espalda y que exageraba el malestar que sentía.

Cathy, otra de nuestras pacientes, luchaba con la responsabilidad doble de terminar sus estudios en la universidad mientras que cuidaba a su familia. Tenía dificultades para permanecer despierta en la noche para estudiar y no le gustaba como se sentía cuando tomaba demasiado café. Cathy necesitaba tener rápidamente su acreditación como maestra, porque el negocio de su esposo pasaba por momentos duros. Necesitaban el ingreso y el seguro de salud que un puesto de maestra les proporcionaría. Ella, al igual que Maddy, sentía que iba a toda velocidad por la vida y se preguntaba por qué no se divertía en absoluto.

Les enseñamos a Cathy y a Jack el arte simple de respirar adecuadamente. Observamos cómo su estrés disminuía y su sensación de eficacia mejoraba. Mediante la respiración abdominal, Jack pudo tranquilizarse y poner en perspectiva su malestar y por ende disminuir el esfuerzo que le imponía a su sistema nervioso. Como resultado, sentía el dolor con menos intensidad. Cathy, al igual que Maddy, hizo un mejor uso de su tiempo y, al igual que Jack, pudo poner en perspectiva su batalla. Hemos visto una y otra vez los efectos profundos de esta práctica simple. Después de enseñarla a miles de personas, estamos seguros de que esta DestrezaVital esencial es un componente clave para manejar el estrés y para mejorar la competencia emocional. Ahora queremos enseñársela a usted.

A estas alturas algunos de ustedes se estarán preguntando por qué es importante aprender a respirar adecuadamente. ¿Qué es lo que tiene la respiración lenta y profunda que la hace restauradora? ¿Por qué afirmamos que esta DestrezaVital esencial reducirá el estrés y mejorará el bienestar, como lo hizo en el caso de Maddy, Jack y Cathy? La respuesta está contenida en la forma como funciona el sistema nervioso autonómico.

El sistema nervioso autonómico es esa parte del sistema nervioso que controla procesos vitales básicos como el ritmo cardiaco y el número de respiraciones. Hasta hace poco se consideraba que el sistema nervioso autonómico operaba totalmente por fuera del control humano. Incluso los científicos no pensaban que uno pudiera disminuir a voluntad el ritmo cardiaco o cambiar la tasa de digestión en el estómago. Ahora sabemos que esto es incorrecto. Muchos aspectos del sistema nervioso autonómico son controlables, y la respiración abdominal es la principal herramienta que tenemos para regular ese sistema.

De hecho, el acto mismo de respirar es único en el cuerpo humano puesto que es a la vez automático (en el sentido de que no tenemos que pensar en la respiración) y voluntario (en el sentido de que podemos decidir contener la respiración). Es esta conjunción entre los sistemas nerviosos autonómicos y voluntarios que hace que la respiración abdominal sea una Destreza Vital tan poderosa.

El sistema nervioso autonómico está compuesto por dos partes: la rama simpática y la parasimpática. La rama simpática se activa para ayudarnos a manejar el estrés y la parte del sistema nervioso autonómico que inicia la respuesta de lucha o huída. Esta rama simpática del sistema nervioso es la responsable por las reacciones que analizamos en el Capítulo 2. Nuestro sistema nervioso simpático nos prepara para responder al peligro y para enfrentarnos agresivamente a los retos de la vida. Desafortunadamente, el sistema nervioso simpático habla solamente un idioma: alerta roja. Es bueno para responder pero con demasiada frecuencia es incapaz de suspender él mismo su acción. Apagar cuando ya ha pasado el estrés es función de la otra rama del sistema nervioso autonómico, la parasimpática.

En general, el sistema nervioso parasimpático es esa parte del sistema nervioso que nos relaja. Nos da la capacidad de abandonar la tensión y apreciar la belleza del atardecer. Le permite a nuestro cuerpo calmarse después de haber estado bajo estrés. También nos sirve finalmente para relajarnos después de haber corrido un riesgo al conducir el auto. Si no fuera por el sistema parasimpático, seríamos incapaces de sentarnos en silencio y de maravillarnos ante nuestros hijos o relajarnos lo suficiente para disfrutar de una sinfonía en el parque.

El sistema nervioso parasimpático está caracterizado por

la respiración lenta, regular, abdominal y profunda. Cuando su respiración es lenta y profunda, usted se siente relajado. Cuando su respiración es veloz y superficial—como cuando el sistema nervioso simpático está en alerta roja en respuesta a un peligro real o percibido—usted se siente bajo estrés. Ahora, si usted está en peligro real e inminente, no será capaz de respirar lenta y profundamente por más que lo intente. Y eso es bueno: si usted está mirando a los ojos del tigre, y ese tigre no está tras las rejas en el zoológico, la respuesta de su sistema nervioso simpático le ayudará a salvarse. No obstante, en todas las demás situaciones—por ejemplo al enfrentarse a "peligros" como un jefe enojado o una programación demasiado apretada—usted puede voluntariamente activar el sistema parasimpático respirando de forma lenta y deliberada hacia el abdomen y afuera de este. Su cuerpo se serena en la medida en que usted respira de esta forma. Puesto que su mente y su cuerpo están en comunicación constante, un cuerpo sereno le dará un respiro a su mente.

Una mayor profundidad en la respiración y una disminución de la frecuencia son las mejores señales para que su cuerpo reconozca que ha pasado la amenaza y que el resto del cuerpo se puede calmar. En otras palabras, la velocidad y profundidad de su respiración son un eslabón entre el sistema parasimpático y el simpático. Es por ello que la forma más directa y sencilla de manejo del estrés es cambiar su respiración superficial y estresada por la respiración abdominal. La buena noticia es que el acto simple de respirar lenta, profunda y regularmente es una herramienta fácilmente accesible.

Y hay todavía más buenas noticias: la regulación adecuada del sistema nervioso simpático y parasimpático es la puerta de entrada a la zona de rendimiento óptimo. En un nivel práctico, esto significa que siempre que experimentamos estrés del Tipo 2, tenemos una herramienta efectiva para manejarlo. Podemos elegir respirar lenta y profundamente y entrar a la zona de desempeño óptimo. Cuando elegimos la respiración abdominal, apagamos la respuesta al estrés y le ahorramos desgaste a nuestro sistema nervioso y a nuestro corazón. Para Maddy y Cathy, los efectos del estrés incluían el cansancio y la sensación de agobio. El cambio que la respiración abdominal obró sobre ellas fue profundo. Aprendieron que podían reconocer qué parte de su sistema nervioso estaba activa y, cuando el sistema simpático estaba enloquecido, podían tener acceso al interruptor que les daba la posibilidad de apagarlo. Esta habilidad recién descubierta repercutió positivamente en todos los aspectos de sus vidas.

Su respuesta al estrés empieza casi inmediatamente cuando percibe el peligro. Usted está listo para enfrentarse al peligro en el mismo instante en que ve el peligro. El problema es que usted está también orientado y preparado para encarar el peligro en el mismo instante en que recuerda la fecha de entrega en el trabajo o la cantidad de trabajo que tiene que hacer. Esa reacción instantánea existe porque su cuerpo no puede esperar para ver si el tigre de verdad lo está persiguiendo. Hay que hacer algo de inmediato para salvarse. Nuestro cuerpo, diseñado para la auto conservación, viene equipado con un dispositivo de seguridad que garantiza que la respuesta física no sea de relajamiento hasta que el panorama esté realmente libre del peligro. Es por eso que es necesario practicar la respiración abdominal unos seis a diez segundos—hasta que resuene la señal de "enemigo en retirada."

No obstante, con seis a diez segundos de práctica regular, incluso Jack aprendió a darse un respiro del estrés. Pobre Jack: cada vez que le dolía la espalda su mente se enloquecía. "¿Y qué tal que no pueda nunca volver a jugar al tenis?" "¿Y qué tal que no pueda ni siquiera jugar en el piso cuando tenga nietos?" "¿Y qué tal que siempre me duela la espalda?" "¿Y qué pasará si empeora?" Jack literalmente se enloquecía de preocupación (a la vez que enloquecía a su esposa). La práctica de la respiración abdominal le permitió primero a su cuerpo darse una pausa, y luego a su mente. Jack, siendo el combatiente que es, emprendió el desarrollo de esta DestrezaVital con pasión. Practicaba todo el tiempo y descubrió la ausencia de estrés que queda al final del arcoiris.

Lo que Jack descubrió era que cuando practicaba regularmente la respiración abdominal, cada vez estaba más relajado. No era que simplemente se calmara más fácilmente después de momentos de estrés: de verdad se volvió una persona más pacífica. Al cabo de un par de semanas de práctica, su sistema nervioso empezó a cambiar y se descubrió más sereno y a menudo, menos cansado y más optimista. El punto en el cual el estrés empezaba a afectarlo se elevó, y menos cosas tenían el poder de afectar su equilibrio. A medida que se volvió más pacífico, su respuesta de lucha o huída se disparaba menos a menudo por falsas alarmas, guardándose para cuando era de verdad necesaria. A medida que menos químicos del estrés circulaban por su cuerpo, su percepción del dolor cambió y logró tolerar el dolor ocasional que sentía. La disminución en los químicos del estrés significó que respondía con menos frecuencia con una reacción de pánico y que pudo poner en perspectiva su discapacidad. Vio las cosas con mucha mayor claridad y logró desarrollar la paciencia que se requería para el proceso final de curación de su espalda.

Al igual que Jack, Cathy y Maddy, también usted se beneficiará de la respiración abdominal. Y puede empezar en este instante. Aprender a respirar lenta, plena y profundamente puede ser el regalo más importante de todos para su cuerpo y su mente. La respiración abdominal no solamente reduce los químicos del estrés y la tensión muscular, sino que le permite al cuerpo relajarse lo suficiente para que aparezcan emociones positivas, como la felicidad. La meta del Programa Sin Estrés es una vida de tranquila satisfacción, salud y felicidad. Aprender a respirar lenta, plena y profundamente es la piedra angular de las Destrezas Vitales. Para casi todas las personas con quienes hemos trabajado, la respiración abdominal de por sí es suficiente para reducir el estrés y aumentar la felicidad.

Ejercicio de DestrezaVital:
Respire Desde el Abdomen

Propósito

El propósito de esta DestrezaVital es . . .

- Enseñarle la forma más simple de manejar el estrés.
- Recordarle que tiene un cuerpo asombroso al cual se le pude enseñar a relajarse.
- Ayudarle a equilibrar el sistema nervioso.
- Mostrarle que la respiración abdominal le ayuda a pensar de formas más productivas.

Práctica

1. A medida que inhala, imagine que su abdomen es un enorme globo que usted llena lentamente de aire.
2. Coloque las manos sobre su abdomen mientras que inhala lentamente.
3. Observe cómo sus manos suben cuando usted está tomando aire.
4. Observe cómo sus manos descienden a medida que usted deja escapar lentamente el aire, como quien dejar salir el aire de un globo.
5. Mientras exhala, asegúrese de que su abdomen permanece relajado.

6. Respire de esta forma por lo menos dos o tres veces más, lenta y profundamente, asegurándose de mantener su atención en la forma como su abdomen se eleva y desciende.

Consejos

- Asegúrese de practicar absolutamente todos los días.
- En ocasiones, practique cinco a diez minutos por sesión.
- Puede practicarlo incluso cuando no está bajo estrés— por ejemplo, mientras está sentado en el auto, viendo televisión, caminando para hacer ejercicio o sentado trabajando frente a la computadora.

Aplicación

Utilice esta DestrezaVital . . .

- Cuando se sienta enojado.
- Antes de subirse a un avión, si está nervioso.
- Cuando necesite hacer una pausa para pensar antes de hablar, para evitar decir algo que luego lamentaría.
- Cuando necesita ayuda para dormirse.
- Cuando note que su respiración es superficial, rápida, constreñida o tensa.

DESTREZAVITAL "RESPIRE DESDE EL ABDOMEN":

Respirar lenta y profundamente inhalando y exhalando desde el abdomen constituye para la mente y el cuerpo una señal para abandonar el estrés, mejorar su salud e incrementar su felicidad.

CAPÍTULO 4

Aprecie lo Bueno

El estrés está en todas partes. Luchamos con las exigencias en el trabajo y en la casa, con la enfermedad, el tráfico, los bebés que lloran, los jefes que nos molestan y otra variedad de irritaciones. Por todas partes hay líos, y necesitamos habilidades para manejarlos. De hecho, existe toda una especialidad en la investigación sobre el estrés que se dedica a evaluar las repercusiones de líos como no poder encontrar las llaves del auto o tener que soportar una vendedora grosera. Según el Dr. Richard Lazarus de la Universidad de California en Berkeley, estas pequeñas molestias son de verdad significativos cuando se suman al final del día o de la semana. Aunque no son catastróficos, como un accidente o una enfermedad grave, estas pequeñas irritaciones menores de la vida tienen un efecto cumulativo que puede ocasionar errores en el trabajo, o incluso una enfermedad.

Por fortuna, la primera DestrezaVital, respiración abdominal, es un antídoto para irritaciones menores y mayores. Respirar desde el abdomen baja la presión arterial, relaja los músculos y le ayuda a manejar sus emociones. Respirar con el abdomen crea un sentido de paz en su mente y en su cuerpo. Sabemos que, con la práctica, pronto verá los resultados positivos. Respirar con el abdomen es el fundamento del Programa Sin Estrés.

Ahora, en este capítulo, le presentamos la segunda Destreza Vital. La práctica de esta destreza nueva le ofrece ayuda inmediata con el estrés y le permite la oportunidad de sentir alegría y felicidad. Esta destreza, el arte de apreciar lo bueno, hará tanto por mejorar su vida como la respiración abdominal.

Apreciar es el acto simple de darse cuenta de las cosas buenas de su vida. Significa ver el amor que representan su familia y sus amigos. Significa sentirse agradecido por la abundancia del éxito monetario, no dar por descontadas las bendiciones materiales rutinarias de tener casa, automóvil y alimento. Significa de verdad ver lo hermoso que lo rodea. Significa ser capaz de notar lo bueno de cada extraordinario día. Significa ser capaz de maravillarse ante las cosas simples que puede hacer nuestro cuerpo, como moverse, comer y sentarse. Significa ser capaces de apreciar de verdad la sonrisa de un niño pequeño y el profundo regalo que es una amistad de toda la vida.

Aprender a ver las bendiciones simples suena sencillo, pero para casi todo el mundo es mucho más difícil de lo que creeríamos. Nos sentimos agobiados por nuestras batallas y por el estrés y perdemos de vista cuánto tenemos que agradecer. La razón obvia es que es fácil notar los aspectos difíciles de nuestra vida, pero requiere esfuerzo ver lo bueno. Nuestro estrés se anuncia por medio de altavoz y con gran fanfarria: no se nos pasa por alto ni una enfermedad, ni el auto descompuesto ni una dificultad con un vecino o un amigo. Pero podemos (y así sucede) pasar fácilmente por alto los aspectos rutinarios, y sin embargo maravillosos, de la vida.

George podía describir cada detalle de la presión que experimentaba en el trabajo y la forma como su jefe exigente le hablaba. Elaine describía el panorama de todas las batallas que encaraban ella y su familia. Manejaba sola a su madre enferma y a sus hijos, porque el esposo viajaba la mayor parte del tiempo. Jill tenía claridad absoluta sobre la dificultad de vivir con una enfermedad crónica. Con los síntomas en la punta de la lengua, hablaba fácilmente de su fatiga y de su frustración.

Cada uno de estos individuos tenía motivos legítimos de estrés y sufría por ellos. Manifestamos nuestra simpatía con cada una de estas personas y comprendimos que cada situación era difícil. No obstante, veíamos que estas personas sufrían por otra razón—algo que intensificaba el estrés: sufrían porque habían perdido de vista las cosas buenas que había en sus vidas. Habían dejado de contar sus bendiciones y habían empezado a ver su vaso medio vacío en lugar de percibirlo como medio lleno. Les resultaba difícil recordar la belleza de sus vidas, y el no hacerlo intensificaba el precio que tenían que pagar por el estrés.

Jill era una mujer de treinta y ocho años que padecía de diabetes crónica y llevaba una vida llena y atareada. La diabetes no estaba enteramente bajo control mediante la combinación de medicamentos, ejercicio y dieta. Si ella hacía ejercicio todos los días y comía a la perfección, su enfermedad era manejable. ¡Pero quién (se preguntaba ella, después de saltarse un día de ejercicio o de ingerir más calorías de lo que debía) podía vivir así? Jill detestaba la sensación de fatiga y ligereza en la cabeza, las restricciones alimenticias, y la necesidad de hacer ejercicio regularmente. En resumen, administrar su enfermedad había convertido a Jill en una mujer frustrada e infeliz.

George trabajaba para una compañía de Silicon Valley que había empezado después de que se reventara la burbuja en la bolsa de valores. Trabajaba largas horas bajo gran presión. Llegaba a la oficina temprano en la mañana y se quedaba hasta tarde todas las noches. George conservaba su empleo porque tenía la oportunidad de ganar muchísimo dinero y disfrutaba el reto de ver que podía empujar esta compañía hacia el éxito.

Durante un tiempo su trabajo era solamente exigente, difícil y fatigoso. Lo que rebosó la copa de George fue la llegada de Tom, un nuevo administrador. Tom era un perfeccionista exigente y crítico, que siempre estaba de afán y era mal comunicador. Cada una de estas características enloquecía a George. Se decía prácticamente todos los días, "Este maldito trabajo ya es suficiente sin necesidad de que Tom lo empeore. Sencillamente no lo soporto." Debido a su trabajo en esta compañía, George desarrolló hipertensión y dolores de cabeza asociados. En un día normal sentía los músculos de la espalda y cuello tensarse apenas llegaba al trabajo.

Cuando George veía que Tom se acercaba con la reveladora mirada crítica, le costaba trabajo no gritarle que lo dejara en paz. George tenía que morderse la lengua diez veces al día y tener que ejercer autocontrol le quitaba energía que no tenía. Para agravar las cosas, a George se le dificultaba conciliar el sueño y discutía constantemente con su esposa. El punto central para George, al igual que para Jill, era que la vida había dejado de ser divertida. Los problemas que lo acechaban aparecían de tal tamaño que metafóricamente ocultaban el sol.

Nos encontramos muchas personas que se ven y suenan como George, Jill y Elaine. El estrés les hace perder de vista lo que es bueno, y esa ceguera parcial los hace sufrir más. Un estudio reciente de mujeres que tienen empleos mostraba que el problema cotidiano más apremiante para ellas era el estrés. Un estudio reciente llevado a cabo por el Dr. Ron Z. Goetzel, director de investigación en Medstat, evaluó más de 100,000 empleados en Citibank. Descubrió que el exceso de estrés inclinaba más la balanza hacia la propensión a enfermar e incapacitarse que hábitos y situaciones de reconocido alto riesgo como fumar, sufrir de sobrepeso y padecer de hipertensión.

Demasiadas de las personas que vienen a vernos están tan acostumbradas a estar bajo estrés que les cuesta trabajo relajarse lo suficiente para oler las rosas. Lo que no entienden es que la incapacidad de parar y disfrutar el momento hace parte de la reacción de su cuerpo al estrés. No solamente el estrés reduce su felicidad minuto a minuto, sino que hace más difícil relajarse a la larga. El estrés hace su daño no solamente cuando se presenta sino en el transcurso de un día o una semana. El odio que George sentía por su jefe se trasladaba a tareas simples que no guardaban relación con esto, como sacar la basura o limpiar el automóvil.

Una implacable respuesta al estrés asegura que su cuerpo no

lo dejará apreciar el atardecer ni la sonrisa de su bebé. Recuerde, el estrés del Tipo 2 lo hace sentir como si estuviera todo el tiempo en peligro. Esta sensación de peligro, que lo hace reducir y enfocar su atención, es lo contrario del sentimiento relajado que usted necesita para poder disfrutar su vida. El enorme costo de este tipo de estrés es que le resulta muy difícil soltarse. El exceso de estimulación de la respuesta al estrés convierte la frustración, el encogimiento de hombros y la impaciencia en estatus quo. Esto sirve para explicar el por qué se fija tan fácilmente en sus batallas y le resulta tan difícil apreciar lo bueno.

La práctica del aprecio y la gratitud reversan esta tendencia. Le enseña a atesorar lo bueno y a dedicar tiempo a pensar en sus bendiciones. El agradecimiento aprovecha nuestro sistema nervioso parasimpático para reducir la respuesta al estrés y desencadenar nuestra zona de desempeño óptimo. Buscar cosas para apreciar reduce el estrés y de verdad entrena de nuevo el sistema nervioso para facilitarnos la relajación. A continuación las razones.

Le hemos dicho como el estrés provoca el sistema nervioso simpático: cuando usted ve que se su jefe se aproxima a traerle más trabajo, o cuando su ex le dice de nuevo que no puede llevarse los hijos este fin de semana como está acordado, su mente le comunica a su cuerpo que usted está en peligro. Si bien el peligro no radica en un automóvil que se aproxima o en un tigre que acecha, es un peligro de todos modos para su bienestar. En cualquier momento en que sus pensamientos o imágenes evoquen peligros, vía ex, o jefe, o un niño que se comporta mal, el cuerpo libera químicos del estrés para ayudarle a enfrentar el problema.

Hemos descrito el daño que este exceso de uso de la respuesta al estrés les causa a su mente y a su cuerpo. La buena noticia es que al cuerpo se le puede enseñar a responder de manera diferente. Cuando aprende a darse cuenta de las cosas buenas que lo rodean y a albergar pensamientos positivos y amorosos, puede dar marcha atrás a la respuesta al estrés, deteniéndola en seco y empezando el proceso de sanar. Puesto que su sistema nervioso está programado para velar por su seguridad, tiene sentido preparase para la lucha cuando el jefe le descarga a usted sin tregua más y más trabajo. No obstante, si tan solo usted se lo permite, el sistema nervioso también está allí para ayudarle a apreciar las cosas bellas de su vida. Si pasa algunos momentos pensando amorosamente en su familia, por ejemplo, puede hacer que entre a participar el sistema nervioso parasimpático y esto calmará su mente y su cuerpo.

Cuando la mente trae a colación imágenes de un jefe fatal, de montañas de trabajo apilado, una pareja que no lo trata o no la trata bien, ¿qué más puede hacer su cuerpo aparte de ponerse tenso? Esas imágenes se constituyen para su cerebro en señales de que su sistema nervioso está haciendo un buen trabajo en cuanto a mantenerlo a usted alerta al peligro. Sin embargo, la misma respuesta al estrés que le sirve para luchar contra el peligro y la frustración, pueden impedirle experimentar de verdad las alegrías de la vida. La respuesta al estrés sencillamente hace caso omiso de los buenos aspectos de la vida que no tienen nada que ver ni con peligro ni con problemas: son irrelevantes en el apremio del peligro. Y sin embargo el amor, el cariño, la belleza, la familia, la naturaleza, y la amabilidad despiertan toda una respuesta propia.

¿Cuál es esta respuesta? ¿Cómo reacciona el sistema nervioso a imágenes positivas? ¿Qué ocurre dentro de usted cuando tiene pensamientos amorosos y agradecidos? No se parece en nada a la respuesta al estrés, porque cuando uno siente amor, cariño y aprecio, el cuerpo se da cuenta de que no tiene nada de qué defenderse. ¿Contra qué luchará o de qué se protegerá? ¿Contra demasiado amor o demasiada belleza? Cuando usted tiene pensamientos de cosas buenas, cuando la mente visualiza escenas amorosas, el cuerpo no tiene necesidad ni de la tensión ni del incremento en la presión arterial. De hecho, los pensamientos amorosos y la emoción de la gratitud son tan buenos para el cuerpo como un masaje relajante en la playa en Hawai.

La mente y el cuerpo se pueden relajar totalmente en cuatro o seis latidos del corazón, o en seis segundos, cuando usted trae a su mente un hermoso atardecer, la amabilidad de un amigo o la alegría especial de una pareja amorosa. Cuando usted presta atención a estas cosas positivas, le está enviando a su cuerpo un mensaje de que la vida es buena y que por ende usted se puede relajar. Muchas cosas buenas le ocurren a su cuerpo cuando usted cuenta sus bendiciones. Todos los cambios dañinos que ocurren cuando está bajo estrés dan marcha atrás cuando usted piensa en cosas amorosas y que son motivo de gratitud. El simple acto de trasladar la atención de los problemas hacia la gratitud disminuye su estrés con tanta eficacia como cualquier otra cosa que pudiera hacer.

Por ejemplo . . .

- El estrés merma la efectividad de su sistema inmune. Por contraste, pensar en alguien que usted quiere de verdad estimula positivamente su sistema inmune.
- El estrés hace subir su presión arterial. Pensar con cariño en alguien que usted quiere y que usted está a punto de ver baja su presión arterial.
- El estrés hace que los latidos de su corazón se aceleren y que el estómago se agite. Recordar cosas amables que han hecho por usted desacelera su corazón y calma su estómago.
- El estrés angosta el rango de sus pensamientos y los enfoca en el problema. Recordar cuánto le gusta a usted que su perro corra tras la pelota, vuelve más creativa su mente.
- Repasar mentalmente una vieja discusión desencadena la respuesta de lucha o huida. Repasar mentalmente el día que pasó con su amado o amada detiene la respuesta de lucha o huida en unos seis segundos.

Hace unos años, el Dr. David McClelland demostró los beneficios de estos pensamientos positivos en lo que denominó el "efecto Madre Teresa." Les mostró a un grupo de estudiantes una película sobre cómo la Madre Teresa cuidaba a los enfermos y pobres de las barriadas de la India. Después de ver la película, los estudiantes exhibieron un aumento en el funcionamiento del sistema inmune.

Cuando percibimos bondad o pensamos cosas positivas, el mensaje que le enviamos al cuerpo es que la vida es buena. Excepto por los raros casos en que de verdad se encuentra en peligro, ese es el mensaje que usted quiere que su cuerpo tenga. Si un tigre viene realmente hacia usted o si un automóvil amenaza con colisionar contra usted, no podrá (y no deberá) pensar en el hermoso atardecer durante cuatro latidos del corazón. Inmediata y casi inconscientemente hará todo lo posible por ponerse a salvo. No obstante, si después de sobrevivir un riesgo inminente en el automóvil usted repasa mentalmente el peligro una y otra vez, o les cuenta a veinte personas sobre el incidente, provocará un estrés adicional innecesario. Si más bien usted piensa en lo afortunado que es de ver a sus hijos otra vez, esa emoción positiva aliviará rápidamente su tensión y ansiedad.

El poder de la gratitud es tan simple y profundo como respirar desde el abdomen. Un poquito de práctica sirve enormemente. Cuando hablamos la primera vez con George, él quería desahogarse y despotricar de su jefe durante toda la sesión. En cambio, después de unos cuantos minutos, le pedimos que nos contara sobre su familia. A partir de su respuesta quedó claro que amaba a su esposa y sus hijos y que detestaba la forma como su agotamiento y estrés los afectaba a ellos. Para lograr que sonriera, lo único que tuvimos qué hacer fue preguntarle cómo se sentía cuando pensaba en su hijo dormido profundamente sobre sus rodillas. "Mi familia no hace parte del problema," nos dijo. Le dijimos, "Eso lo sabemos, pero puede ser la solución."

Una de las quejas de George era que detestaba tanto su trabajo que se sentía enojado cuando el despertador sonaba. Durante la práctica de esta DestrezaVital tuvo un momento de esclarecimiento en cuanto a la apreciación. Se dio cuenta de que era afortunado de tener un trabajo que le permitía sostenerse y sostener a su familia. Con este esclarecimiento, y mediante la práctica de recordar esa visión "¡ajá!" todos los días, George modificó su punto de vista. Ahora incluye la gratitud por el reloj despertador que lo despierta para el trabajo con el cual sostiene a su familia.

Jill quería contarnos lo incómoda que se sentía y cómo era de difícil manejar la diabetes. Escuchamos, reconocimos su lucha e incluso estuvimos de acuerdo con ella. Luego nos preguntamos en voz alta cómo habría sido su vida si hubiera padecido la misma enfermedad tan solo dieciséis años atrás, antes de que existieran los medicamentos de fácil administración oral y antes de que existiera una prueba simple para medir los niveles de azúcar en la sangre mediante una muestra tomada del dedo. Con cierta renuencia admitió que existían tales adelantos e incluso trajo a colación cuán afortunada era de tener un centro de salud en el trabajo. A Jill le preguntamos entonces cuál experiencia le resultaba más placentera, pensar en sus problemas o parar por un momento a contar sus bendiciones. También le pedimos que reflexionara sobre su capacidad de pensar con claridad. Respondió con toda seguridad que se sentía mejor en el estado de apreciar y que este le proporcionaba un descanso muy necesario de los pensamientos plagados de ansiedad y pánico a los cuales estaba acostumbrada. Comprendió rápidamente que gran parte de su sufrimiento se originaba en el simple hecho de que los árboles no le dejaran ver el bosque.

Ahora surge la pregunta: ¿Cómo se desarrolla y se pone en práctica la apreciación? La respuesta es simple. Aprenda a concentrar su atención en cosas que son hermosas, en ocasiones en las cuales ha sentido amor en su corazón, casos de gratitud por la amabilidad que otros han demostrado con usted. Aprenda a ver lo bueno de la vida con la misma facilidad con la que ve lo malo; aprenda a ver la belleza con la misma facilidad con la que ve la fealdad; y en especial aprenda a ver la amabilidad con la misma facilidad con la que percibe la falta de amabilidad.

Le dimos a Lois, enfermera en el departamento de urgencias, una práctica simple. Trabajaba en un ambiente de alto estrés y luchaba por encontrar la belleza en un mundo de sufrimiento. Lois era amante de la naturaleza y hablaba con especial cariño de la gracia y la libertad de los pájaros que volaban sin esfuerzo por encima de ella. En nuestra sesión, le pedimos que enfocara su atención completamente en la imagen mental de un pájaro colorido. Debía mirarlo asombrada a medida que imaginaba el movimiento de sus alas, escuchaba los sonidos cuando este pasaba e imaginaba el increíble color del cielo. En otras palabras, durante quince segundos más o menos debía realmente prestar atención y "apreciar" la belleza de esta escena común de la naturaleza.

Mientras Lois visualizaba el pájaro, le sugerimos que procurara sentir el encanto de la escena en su cuerpo. Muchas personas experimentan la belleza y el amor como una sensación de calidez alrededor del corazón. Otras personas simplemente se sienten en paz. Le pedimos que guardara el sentimiento como un recuerdo al que podría tener acceso durante momentos de estrés en su día. La dejamos con la exhortación de apreciar a menudo la belleza y la bondad. Descubrimos, con Lois y muchos otros, que apreciar se convirtió en una adicción positiva, algo que no les podía faltar y que enriquecía sus días, los hacía plenos y los colmaba de salud.

Ejercicio de DestrezaVital:
Aprecie Lo Bueno

Propósito

El propósito de esta DestrezaVital es . . .

- Ayudarle a reconocer lo bueno que hay en su vida, lo cual le dará un sentimiento de calidez interior.
- Ayudarle a sentirse más en paz y con menos estrés.
- Mejorar sus relaciones.

Práctica

Antes de iniciar sus actividades del día:

1. Repase las cosas que tiene que hacer durante el día.
2. Incluya en su lista dos cosas concretas qué agradecer.

Durante períodos de estrés:

1. Tome aire dos veces lentamente, desde el estómago.
2. Al inhalar por tercera vez, piense con profundidad en alguno de los siguientes: alguien a quien usted ama, un lugar hermoso, un acto de bondad que alguien haya tenido con usted.

Durante el día:

1. Durante quince a treinta segundos concentre toda su atención en un ser amado.
2. Durante quince a treinta segundos piense con aprecio en un lugar que a usted le resulta hermoso.
3. Durante quince a treinta segundos piense con cariño en un gesto bondadoso que alguien tuvo con usted.

Consejos

- Cuando piense en un ser amado, piense en alguien con quien todavía tiene una buena relación.
- Cuando piense en un lugar, piense en un lugar que evoque buenos recuerdos o que sea especialmente hermoso.
- Cuando piense en un acto bondadoso, piense claramente en algo amoroso que hicieron por usted.
- Apreciar las cosas positivas es más poderoso cuando se combina con la respiración desde el estómago.

Aplicación

Utilice esta DestrezaVital . . .

- Cuando el estrés y las dificultades se acumulan.
- Cuando sencillamente hay demasiado que hacer.
- Cuando tiene que tomar una decisión.
- Antes de hacer una llamada difícil.
- Cuando sienta que no lo aprecian.

- Cuando hable con un familiar, con su pareja, o con un amigo, para recordar cuánto significa esa persona para usted.
- Cuando se sienta solo o aislado.

DESTREZAVITAL "APRECIE LO BUENO"

Apreciar a otras personas, la belleza de la naturaleza, y las alegrías de la vida cotidiana puede ser la forma más simple y más inmediata para generar tanto salud como felicidad.

CAPÍTULO 5

Ponerse Tenso para Relajarse

Joann se fijó que se sentía enferma cada vez que entraba en contacto con su ex esposo. Sentía los músculos tensos y malestar estomacal. Era en verdad un problema porque veía a Jack por lo menos dos veces a la semana. Joann y Jack compartían la custodia de sus dos hijos y los llevaban regularmente de una casa a la otra. Joann empezó a temer las noches de los viernes y domingos debido al efecto que ver a Jack tenía sobre ella. Se quejaba todo el tiempo con sus amigas de que era culpa de Jack por la forma como la trataba, pero esto no le servía para evitar la respuesta negativa que sentía. Aun tres años después del divorcio, Joann se sentía conectada de la peor forma a una persona con la que ya no quería tener nada que ver.

Kathy tenía un problema parecido, excepto que era su jefe quien ocasionaba constantemente su estrés. Kathy era secretaria en una gran corporación y había sido recientemente asignada a otro puesto. Su jefe de antes se había jubilado. Era un hombre con quien había trabajado durante años y a quien ella sentía como de su familia. Su nueva jefe, Gloria, se dedicaba enteramente al trabajo, y a Kathy no le gustaba el ambiente para nada. Gloria esperaba que toda su gente trabajara excepcionalmente duro, y eso se traducía en poca conversación y días de trabajo largos e intensos. Kathy sentía resentimiento ante el enfoque de Gloria y echaba de menos la amistad y calidez que había tenido en el pasado con sus colegas. Cuando la atendimos por primera vez, nos contó que se sentía en extremo presa del estrés. Para ella era una tortura el simple hecho de salir de la autopista para dirigirse al trabajo. Sólo recordar la cara de Gloria era suficiente para hacer que apretara la mandíbula y que su respiración se tornara superficial y forzada.

Tanto Kathy como Joann estaban en medio de situaciones difíciles. No es fácil compartir la crianza de los hijos con una pareja de quien uno se divorció, ni es fácil adaptarse a un jefe especialmente exigente. Ambas, ajustándose de manera deficiente a sus circunstancias, se estaban ahogando en su estrés. Lo primero que nos dimos cuenta con ambas mujeres era lo tenso que lucía su cuerpo. Desde la expresión rígida hasta la postura apretada y los movimientos carentes de fluidez, ambas denotaban frustración, rabia, incomodidad, distracción fácil y la presencia de problemas. Eran testimonio viviente del poder que el estrés tiene de crear tensión y esfuerzo muscular.

Los músculos tensos, puños apretados y el estómago constantemente molesto son indicios de que el estrés se ha apoderado de su bienestar emocional y físico. Y sin embargo, el daño que causa el estrés va más allá de estos síntomas. Kathy y Joann padecían tal nivel de estrés que habían literalmente olvidado cómo relajarse. Sus cuerpos habían empezado a asumir como normales los músculos tensos y el corazón desbocado. Cuando les preguntamos a las dos qué hacían para relajarse, se rieron y contestaron, "¿Relajarse? Me estará tomando del pelo." Debido a todo el estrés que sentían casi habían olvidado cómo relajarse.

Kathy y Joann tenían el cuerpo tan acostumbrado a la tensión que ya no podían sentirse relajadas, ni siquiera haciendo aquellas cosas que disfrutaban. Esta incapacidad para recordar la sensación de estar en paz hace que la gente pierda la esperanza y la perspectiva—por no mencionar el sueño. Era hora de que aprendieran una destreza simple y sin embargo poderosa que hace posible la relajación aun cuando el estrés esté en un nivel alto y el alivio se perciba lejano.

A veces, nuestra mente está tan agitada que no podemos pensar con claridad y nos sentimos atrapados. Kathy ciertamente encajaba en esta categoría. Estaba tan irritada por la forma como la trataba su nueva jefe, y se sentía tan a la deriva sin su antiguo jefe, que el simple hecho de llegar al trabajo la hacía sentir ansiosa e incómoda. Consideraba normal el dolor de espalda y de cuello y veía como inevitable la contracción nerviosa de los músculos que estaba desarrollando. Le dijimos enfáticamente que el dolor corporal no es normal y que los movimientos involuntarios de los músculos no son la única forma (y ciertamente no son la mejor) de manejar retos difíciles en el trabajo. Pero puesto que la mente de Kathy se agitaba tan solo de pensar en el trabajo, supusimos que necesitaría relajar su cuerpo antes de buscar nuevos esclarecimientos con la mente.

Les enseñamos a Kathy y a Joann la DestrezaVital de po-

nerse tenso para relajarse y ambas demostraron una mejoría significativa en un corto período de tiempo. Pudieron relajar el
cuerpo y luego la mente mediante breves períodos de práctica
diaria. Esta DestrezaVital en particular fue elegida para estas
mujeres porque primero se concentra en aquietar la actividad
del cuerpo. Para Kathy y Joann, intentar aquietarse y concentrar la mente solamente fue posible cuando pudieron conducir
sus cuerpos a un estado cómodo.

Tal como leyó en el Capítulo 2, los músculos se aprietan y el
flujo sanguíneo a las manos y los pies se restringe en presencia
del estrés. La noticia emocionante es que le podemos enseñar a
instruir su cuerpo para que presente la respuesta contraria y relajada para que pueda recuperarse rápidamente del estrés que le
produce un ex marido o un jefe difícil. Cuando los músculos
están tensos y contraídos, se sienten ligeros. Por contraste,
cuando sus músculos están relajados, se sienten pesados. ¿Recuerda cómo se siente de pesado y suave un bebé o un niño dormido? Compare cómo es alzar un bebé relajado con tocar a
alguien que está enojado o ansioso. En lo segundo no hay ninguna suavidad.

Una de las cosas interesantes acerca de los músculos en el
cuerpo humano es que se relajan al máximo justo después de
que han estado tensos. Pruébelo ya mismo: apriete el puño durante unos segundos y luego relaje la mano por completo. Verá
que la mano pasa de sentirse ligera a sentirse pesada. Esto es
porque los músculos se relajan al máximo después de haberse
tensado o contraído. Tensar y relajar es una destreza tan simple

que la puede practicar agarrando con fuerza y luego soltando el volante del auto en un semáforo durante un atasco en el tráfico. Siempre que lo practique notará cuán rápidamente ocurre el cambio de la tensión muscular a la relajación muscular.

Hemos mencionado una y otra vez que las DestrezasVitales tienen que ser practicadas. Una vez que ha aprendido y practicado cada destreza, la relajación que logra es casi instantánea. Puede relajar su cuerpo en menos de diez segundos y liberar la mente en el mismo espacio de tiempo. Es tan simple como observar el relajamiento de su mano después de que la ha tenido apretada en un puño. Todo el cuerpo se puede relajar así de rápidamente.

Lo primero que le ocurrió a Kathy mediante el uso de esta DestrezaVital fue que se dio cuenta de cuán tensa estaba cuando ella se sentía normal. ¡No podía creer cómo había estado de tensa! Enseguida se dio cuenta de que si podía relajar su cuerpo conscientemente al menos por un momento, podía hacerlo por períodos de tiempo más prolongados. Era una buena noticia para Kathy, y la practicaba en cada oportunidad que tenía. No le tomó mucho tiempo antes de darse cuenta de que en realidad podía relajar el cuerpo no por segundos, sino por minutos—y luego más. Finalmente, Kathy se dio cuenta de que a medida que su cuerpo se relajaba, su mente se desaceleraba, permitiéndole aclarar sus procesos mentales.

Muchas personas son como Joann y Kathy, que necesitan relajar el cuerpo para poder relajar la mente. Por fortuna, la mente y el cuerpo están tan estrechamente ligados que relajar el uno relajará al otro. Kathy y Joann (y miles de otras personas) le dirán que su mente sigue sin falta a su cuerpo relajado hacia un estado de quietud. Al tensar y relajar los músculos de su cuerpo, no solamente supera la tensión física causada por el estrés, sino que también empieza a aquietar la mente. Joanne aprendió a través de la práctica de esta DestrezaVital que podía ver a su ex esposo sin sentirse agotada. Sus dolores de cabeza dejaron de ser tan frecuentes e intensos, y ya no necesitaba tomarse dos pastillas de Advil cada vez que veía a Jack.

La idea de tensar para relajar se basa en la investigación del Dr. Edmund Jacobson. Este médico descubrió que las personas podían activar músculos específicos con el simple imaginar que hacían una actividad. Colocó electrodos en el cuerpo para medir la actividad muscular mientras que las personas se imaginaban que desarrollaban diversas actividades. Descubrió por ejemplo que cuando las personas se imaginaban que estaban caminando, los electrodos detectaban actividad en los músculos que se utilizan para caminar. Cuando pedía a las personas que imaginaran que estaban comiendo, los músculos de la mandíbula se ponían más activos, aunque no hubiera un movimiento obvio de masticación. El Dr. Jacobson concluyó que muchos problemas médicos eran el resultado de que las personas creaban tensión muscular sin ser conscientes de que lo hacían.

Para ayudar a reducir la tensión muscular, el Dr. Jacobson desarrolló un entrenamiento para el manejo del estrés que se concentra en tensar y relajar ciertos músculos. El enfoque del Dr. Jacobson logró un amplio reconocimiento durante la Segunda Guerra Mundial, cuando se utilizaba para que los pilotos de combate se mantuvieran relajados y a la vez en alerta mientras estaban sentados en el espacio limitado de las cabinas de mando de los aviones de combate. Aunque tensar para relajar puede parecer simple, existen una cantidad de investigaciones médicas que demuestran que esta destreza puede afectar positivamente una gran variedad de condiciones asociadas al estrés, incluyendo dolores crónicos, desgaste muscular, dolores de cabeza producidos por la tensión, dolores de espalda y de cuello, y problemas dentales como el bruxismo; impulsar la recuperación después de un derrame; y mejorar el desempeño atlético en actividades diversas como correr o jugar golf.

Miremos otro ejemplo de cómo esta DestrezaVital ayudó a aliviar un problema médico de consideración. En el 2001, Jonathan todavía estaba en la cúspide de la ola de la explosión comercial de las computadoras en Silicon Valley. Tenía treinta y siete años según algunos estaba muy viejo para pertencer al grupo de genios de los computadores. Era vicepresidente de una importante compañía de computadoras. Poseía todos los símbolos del éxito, incluyendo un Porsche convertible, una casa pequeña de millones de dólares (altamente sobrevalorada) en la zona de la Bahía, un apartamento en Hawaii, y un sótano repleto de los vinos más caros del Valle de Napa. Se levantaba al rayar el alba y trabajaba hasta tarde en la noche, y utilizaba el teléfono e Internet para resolver problemas en instalaciones de computadoras en Europa en las mañanas y en Asia en las noches. No era infrecuente que lograra dormir tan solo cuatro o cinco horas, pero ante los colegas en la industria, la fatiga era su condecoración honorífica de logro.

En cuanto a lo negativo, fumaba sin parar, había subido mucho de peso, y disfrutaba en cada comida de todos los beneficios nutricionales de la comida basura, la cual pasaba con los mejores vinos. Tenía cafeína a la mano todo el tiempo lo cual le ayudaba a permanecer concentrado en su negocio de computadoras pero en poco más. Y cuando la burbuja de las computadoras reventó de repente, las acciones en el mercado de la bolsa de valores con las cuales financiaba su extravagante estilo de vida se desplomaron. Su modesta casa ahora valía menos del precio que él había pagado por ella (aunque la hipoteca enorme era muy real), su trabajo estaba en riesgo, y si se veía obligado a unirse a las filas de los desempleados, estaría compitiendo con muchas otras personas talentosas que estaban detrás del mismo tipo de trabajo. Y lo más perturbador de todo era el hecho de que no tenía amigos que pudieran ser sus confidentes.

Una noche en que se encontraba trabajando hasta tarde en la oficina, estaba prácticamente solo en el edificio. Sentado ante su escritorio, sintió un extraño dolor en el hombro izquierdo y en el cuello. Asumiendo que se trataba de fatiga muscular asociada a todas las horas que había estado encorvado sobre el teclado, hizo caso omiso de los primeros dolores. Durante las horas posteriores, no obstante, el dolor se convirtió en una aguda punzada en la espalda y luego en el dolor repentino y aplastante que le indicaba claramente que se trataba de un infarto. Ahí fue cuando le hizo señas al personal de seguridad y fue llevado de urgencia al Hospital Universitario de Stanford, donde sobrevivió gracias a una angioplastia de urgencia.

Cuando hicimos consulta con él en la clínica de pacientes externos dos semanas después, Jonathan estaba asustado. Nunca había pensado que él estaba bajo demasiado estrés, porque un ritmo frenético y furibundo era para él y sus colegas la normalidad del negocio. Puesto que se sabe que la Destreza-Vital de tensar para relajar es muy efectiva cuando se trata de problemas cardiovasculares, fue la primera que le enseñamos. Al comienzo fue un estudiante renuente pues detestaba desacelerarse. En su mundo de Internet de alta velocidad, desacelerar significaba rezagarse, ser un aplazado, y ser inútil. Le tardó a Jonathan unos cuatro meses aprender a relajarse y no obstante permanecer mentalmente alerta.

El gran reto de Jonathan se presentó precisamente cuando terminaba su programa de rehabilitación cardiaca. Le ofrecieron un empleo en una compañía de computadoras que estaba empezando y la sola idea de regresar a ese ambiente de presión lo hacía respirar superficialmente y elevaba su presión arterial. Temía regresar a sus viejos patrones y arriesgarse a que el siguiente infarto fuera fatal. Jonathan acertaba en sus temores. La buena noticia es que se asustó lo suficiente como para practicar regularmente el tensar para relajar, incluso cuando estaba en su escritorio en el trabajo.

Para apaciguar sus temores, le ayudamos a Jonathan a diseñar una transición suave de regreso al trabajo. Le dimos guías de práctica, le hicimos seguimiento a su éxito, y lo vimos cada semana durante la transición. También le ayudamos a diseñar una afirmación, un pronunciamiento positivo que pudiera repetir para sí mismo y que expresara que era capaz de manejar las cosas. A menudo nos resulta útil combinar la relajación física de tensar para relajar con la relajación mental de decirse algo positivo—una afirmación que genera paz y calma. Para Jonathan fue fácil aprender a tensar y relajar una vez que aceptó la necesidad de desacelerarse, pero la afirmación le costaba trabajo.

Le tardó un tiempo pero finalmente desarrolló una afirmación que le ayudaba a mantener una perspectiva saludable y serena en cuanto a su vida, aun cuando estaba en el trabajo. Cuando las cosas se ponían agitadas en la oficina, Jonathan primero se preguntaba, "¿Es algo por lo que vale la pena morir?" Inevitable e invariablemente la respuesta era no y esa negación le recordaba practicar su afirmación: "Trabajo duro y permanezco relajado y concentrado." Hasta el día de hoy (casi cuatro años más tarde) todavía practica esta DestrezaVital y Jonathan se está desempeñando bien en el trabajo y en su vida.

Jonathan desarralló una rutina de practicar la estrategia de ponerse tenso para relajarse durante varios minutos en la mañana, luego un par de veces durante el día y otra vez un par de veces cada noche. Esta práctica moderó el estrés que padecía y le enseñó que podía trabajar sin matarse. Pudo reportar que su nuevo trabajo y el estrés del trabajo no lo conducían a perturbación y enfermedad.

Por favor no piense que para Jonathan todo fue muy fácil.

Fue duro por un tiempo, incluso con episodios en que su vida corrió peligro. No obstante, a través de la práctica, Jonathan desarrolló la seguridad que le permitía minimizar su estrés en el trabajo—y desarrolló la capacidad de hacerlo. Es interesante que nos pareció que su pregunta acerca del estrés y la muerte era muy esclarecedora y efectiva también en nuestra propia vida. Nos hemos preguntado a nosotros mismos y a muchos de nuestros pacientes, "¿Vale la pena morir por ésto?" Para nosotros y para Jonathan, inevitablemente la respuesta es un resonante no. Entonces también nosotros respiramos hondo, decimos algo positivo, y tensamos y relajamos los músculos.

Ejercicio de DestrezaVital:
Ponerse Tenso para Relajarse

Propósito

El propósito de esta DestrezaVital es . . .

- Experimentar la diferencia entre la tensión y la relajación muscular.
- Relajarse profunda y totalmente.
- Enseñarle al cuerpo a vivir libre de estrés.

Práctica

1. Inhale dos veces profundamente desde el abdomen.
2. A la tercera inhalación, apriete el brazo derecho desde el hombro hasta la mano.
3. Apriete con fuerza durante dos o tres segundos.
4. A medida que exhala, relájese totalmente y deje caer el brazo.
5. Repita los cuatro primeros pasos con el otro brazo, cada pierna y luego todo el cuerpo.
6. A medida que practique, repita una afirmación relajante como, "Tengo todo el tiempo del mundo" o "Me encuentro relajado y en paz."

Consejos

- Cuando tense los músculos, ténselos de verdad: cuando los relaje, relájelos de verdad.

- Cuando inhale, llene el abdomen de aire.
- Cuando exhale, deje que su abdomen se relaje y quede blando.
- Recuerde cuán calmado y relajado se encuentra y recuerde que usted es capaz de efectuar este tipo de relajación en cualquier momento. Preste atención a la sensación que le produce estar relajado.
- Piense a menudo durante el día, "Estoy relajado y en paz."
- Practique a veces solamente con los brazos y las piernas y a veces con todo el cuerpo.

Aplicación

Utilice esta DestrezaVital . . .

- Antes de irse a la cama.
- Para sentirse alerta cuando se despierta en la mañana.
- Antes de hacer ejercicio físico.
- Cuando tenga la nuca y los hombros tensos.
- Cuando esté sentado frente a su escritorio.
- Cuando esté atascado en el tráfico.
- Cuando esté sentado en un avión.

DESTREZAVITAL "PONERSE TENSO PARA RELAJARSE":

Aflojar los músculos después de tensarlos, le permite relajarse profundamente.

CAPÍTULO 6

Visualice el Éxito

Sam estaba atascado. Se sentía atrapado y frustrado. Le habían ofrecido un ascenso en el trabajo que requería mudarse a otra ciudad. Era un trabajo soñado, y sin embargo Sam no sabía si podía lograr que este cambio de vida funcionara. La hija de Sam tenía dieciséis años, cursaba el penúltimo año de secundaria, y amenazaba con repudiarlo si se mudaban. Su esposa también estaba contenta donde estaba; no obstante, le dijo que sacrificaría su empleo, que le encantaba y que se mudaría, si eso era lo que él realmente quería. Su hijo, de doce, era ambivalente acerca de retirarse de su escuela intermedia y de alejarse de sus amigos.

Sam quería que todos estuvieran contentos, incluyendo él mismo. Tomar esa gran decisión lo estaba volviendo loco, porque quería darle gusto a todo el mundo pero no lograba descifrar cómo. En determinado momento se puso tan tenso acerca de todo el proceso que le preguntó a su perro qué quería hacer.

Sam pasó varias semanas en agonía por causa de la decisión. Su compañía, haciendo lo posible por adaptarse, empeoró la situación diciéndole que no tenía que apurarse para tomar una decisión. El trabajo estaba allí para que Sam lo tomara, le dijo el jefe. Sam oscilaba entre las exigencias de su carrera y los deseos de su familia. Cada vez que pensaba en qué hacer, buscaba una respuesta que satisficiera a todo el mundo—y fallaba cada vez. Empezó a tener dolores de cabeza cuando pensaba en el problema. Pronto estos se hicieron más frecuentes, y luego fueron acompañados de espasmos en el cuello y dolores musculares cuando cavilaba sobre el problema. La meta bien intencionada de Sam de darle gusto a todo el mundo no lo estaba llevando a ningún lugar aparte de la frustración. Se sentía impotente y sin esperanza, convencido como estaba de que nunca tomaría la decisión correcta.

Cuando lo recibimos, Sam nos dijo que se estaba enloqueciendo en torno a lo que él pensaba debería ser una decisión simple. A medida que nos describía la situación, nos dimos cuenta de que el problema radicaba en su enfoque: cada vez que se presionaba, infructuosamente, para encontrar la solución perfecta, perpetuaba un círculo vicioso. El estrés que sentía reducía su capacidad de resolver problemas y de pensar creativamente. El esfuerzo de Sam por hacer lo correcto, una meta encomiable en sí misma, se convertía en un impedimento y como resultado él y su familia pasaban más de una velada infeliz.

Después de ver a Sam en consulta en la clínica, donde se quejó de dolores de cabeza, dolor de espalda y malestar estomacal, su vida empezó a cambiar para bien. Le ayudamos enseñándole el poder de su mente para visualizar un desenlace exitoso a su problema—es decir, imaginar el desenlace en su mente. Le recordamos un hecho importante: que su cuerpo reaccionaba a cualquier cosa que él visualizara en la mente. Por ejemplo, su cuerpo se tensaría como reacción al miedo de encontrar en la noche un intruso en la sala de su casa. Igualmente, su cuerpo reaccionaría al sonido de su gato escarbando en el sótano si pensara que el gato era el intruso.

Cuando Sam, al igual que el resto de nosotros, oye en el sótano un ruido desconocido, su mente visualiza un intruso. Cuando lo ve con el ojo de la mente, el cuerpo reacciona como si hubiera un intruso real y no solo un gato. Los humanos no pensamos solamente en palabras, sino en sonidos, imágenes y texturas tambien. Estos sonidos, imágenes y texturas mentales son muy poderosas, y pueden ser utilizadas tanto para producirnos estrés como para sanarnos de éste.

A continuación describimos un experimento simple que le ofrecimos a Sam. Usted también lo puede practicar, para experimentar de primera mano cómo la imaginación lo afecta físicamente. Imagínese que está en la cocina, frente a la tabla de picar. Delante de usted tiene un cuchillo y una canasta llena de frutas deliciosas. De esa canasta, seleccione una hermosa naranja, fragante y llena de jugo, y colóquela en el centro de la tabla de picar. Note la brillantez de su color y la conocida textura de la cáscara. Ahora parta lentamente la naranja por la mitad, y luego en cuartos. Note la diferencia en color y textura entre las superficies cortadas y la cáscara. En su mente, observe cómo usted mismo toma un pedazo y se lo lleva lentamente a la boca. Note cómo se anticipa al sabor, cómo conoce la fragancia. Ahora imagine que muerde la naranja para capturar su dulzura.

Casi todas las personas producen de verdad saliva desde la parte de atrás de las mejillas cuando hacen esto. Aun al leer este libro, puede experimentar la dulzura de la naranja, porque aprovecha la memoria del cuerpo para darle a la mente la poderosa imagen de una experiencia placentera. Esta clase de imaginación positiva puede sanar su cuerpo y su mente. Desafortunadamente, imaginar la sabrosa naranja, como lo hizo Sam cuando participó en nuestro experimento, es diferente a ver las imágenes causantes de estrés que pasaban por la cabeza de Sam.

Si visualizar una jugosa naranja durante apenas unos segundos lo hace salivar, piense en lo que podría suceder si usted se visualizara en estado de estrés durante horas, días, semanas, e incluso meses sin final a la vista. Las imágenes que poblaban la mente de Sam eran de este tipo. Estamos acá para decirle que ver imágenes negativas en su mente tiene un efecto físico lesivo para su cuerpo. Este efecto ocurre a través de las mismas rutas que le permiten a su cuerpo producir saliva cuando imagina una naranja.

Si, al igual que Sam, usted se concentra una y otra vez en una situación difícil, esto comunica un mensaje negativo poderoso a su sistema nervioso, y todos los músculos y órganos de su cuerpo responden. Una de las respuestas más básicas al estrés es que todos los músculos y órganos de su cuerpo se tensan y se ponen rígidos para que usted pueda permanecer erguido para la pelea o utilizar esa fuerza para salir corriendo. Puesto que los músculos de la espalda son unos de los de mayor tamaño y potencia en el cuerpo, son especialmente sensibles. Es por ello que el dolor de espalda es una respuesta tan común al estrés. Esta conexión entre la mente y el cuerpo ayuda a explicar por qué las imágenes negativas muchas veces se convierten en profecías que se cumplen a sí mismas: las imágenes negativas que tenemos de nosotros mismos tienen el poder de crear experiencias negativas en el cuerpo. Sam se refería a su decisión laboral y al estrés resultante como a un "dolor de nuca" y el dolor de la nuca fue uno de los primeros síntomas que manifestó.

Al principio Sam hizo caso omiso del dolor muscular y de los dolores de cabeza, y tomaba aspirina con regularidad desesperada y se limitaba a seguir adelante de esta forma. A medida que seguía sintiendo la presión de decidir, empezó a ver a su empleador y a su familia como si fueran una carga: lo estaban obligando a tomar la decisión correcta. Una frase que repetía una y otra vez para describir sus sentimientos era, "¡Quiero que me dejen en paz!" Después de que pronunció estas palabras durante un par de sesiones, en presencia nuestra, finalmente se dio cuenta de que la imagen mental de llevar el peso de su decisión por su familia se manifestaba en dolor físico de espalda.

A medida que trabajábamos con Sam, le señalamos que una de las razones por las cuales se le dificultaba tanto resolver su situación laboral era que constantemente se visualizaba fracasando. Por ejemplo, utilizaba el poder de su imaginación para ver a su hija odiándolo. Una y otra vez escuchaba el desprecio en su voz cuando ella le decía que lo odiaría toda la vida si se mudaban. Se visualizaba inmóvil, veía imágenes de sí mismo frente a su escritorio, fijando la mirada en el vacío y preguntándose a dónde se había ido su carrera. Tenía una imagen particularmente alarmante de sí mismo en la que aparecía viejo y todavía luchando por tomar decisiones acertadas y culpándose por las decisiones deficientes que había tomado. Sam era ciertamente bueno para visualizar—un ejemplo sobresaliente de una persona que utiliza imágenes negativas para hacerse la vida imposible. Nuestra meta consistió en enseñarle a utilizar el poder de las imágenes positivas de éxito para ayudarse.

Cyndi fue otra paciente que tuvo que aprender a visualizar el éxito. Cyndi debía criar dos hijos sola y compartía custodia de los niños con su ex esposo. Trabajaba y se sentía enloquecer cada mañana y cada noche tratando de completar sus tareas y responsabilidades. Llegó a la clínica aquejada por dolores de cabeza de tensión. Al igual que Sam, creaba imágenes lúgubres de su día. La imagen primordial era la de una mujer agobiada por el trabajo, falta de amor, fatigada en extremo, y totalmente acosada. Nos describía a una mujer que se metía cada noche a la cama exhausta y presa del desánimo. Se sentía fracasada y así se visualizaba. Le mencionamos que igual daría entonces si se escribiera una gran F sobre la frente.

Cyndi no tenía idea de cómo administrar su estrés, y no se daba cuenta con cuánta fuerza su imagen de sí misma como un fracaso afectaba su cuerpo. No comprendía, por ejemplo, que su imagen de sí misma como una persona solitaria y carente de apoyo estaba afectando su postura. En lugar de erguirse, tenía los hombros redondeados y caídos, lo cual agregaba presión a su espalda aunque estuviera sentada. Aun después de explicarle cómo funciona el estrés, le costó trabajo creer que la forma como ella se percibía a sí misma estaba relacionada con sus dolores de cabeza y de espalda. Al igual que muchos otros pacientes, no era consciente del poder de sus imágenes y de cuán negativas eran.

Le dijimos que a veces los síntomas son la forma como el cuerpo se comunica con nosotros. Síntomas como los dolores de cabeza y los trastornos de espalda son herramientas que utiliza el cuerpo para llamar nuestra atención sobre un problema. Los síntomas pueden ser la forma que tiene el cuerpo de alertarnos para que podamos actuar en pro de prevenir mayores lesiones y daños. Le dijimos a Cyndi que ni sus dolores de cabeza ni los de espalda eran el enemigo. Más bien, eran señales claras de que algo en su vida tenía que cambiar. Le advertimos que si no hacía algo, los síntomas podrían empeorarse o multiplicarse.

Tanto a Sam como a Cyndi les enseñamos la DestrezaVital de visualizar el éxito. Se practica exactamente como suena. A cada uno le pedimos que descartara las imágenes negativas de fracaso y que en lugar de ello se visualizara en medio del éxito. Le pedimos a Sam que imaginara que había tomado una decisión exitosa. Le pedimos que se imaginara que era capaz y seguro al momento de entrar en la oficina de su jefe y anunciarle la decisión. Le pedimos que visualizara una relación positiva con su hija mientras que iniciaban una nueva vida conjunta. La tarea de Cyndi fue semejante. Le pedimos que imaginara que navegaba por sus rutinas matutinas y vespertinas con aplomo. Luego le pedimos que se imaginara conduciendo hacia el trabajo y felicitándose por haber administrado tan bien su mañana. Para ambos pacientes, visualizar el éxito resultó ser tremendamente útil.

Esta DestrezaVital funciona de dos maneras diferentes y poderosas. En primer lugar, visualizar el éxito relaja y calma el cuerpo. A Sam y Cyndi se les recordó que visualizar el éxito debía ser contrastado con su hábito de visualizar el fracaso y el dolor. Sus imágenes bien practicadas del fracaso lo llevaban hacia el estrés, mientras que las imágenes de éxito los llevaban a la serenidad y a la paz. Ambos descubrieron que sus nuevas imágenes de éxito eran un bálsamo para el fatigado y tenso cuerpo.

Muchos estudios respaldan nuestra aseveración de que la imaginería positiva ayuda a reducir el dolor y relaja el cuerpo. En un estudio con un grupo de pacientes que sufrían de dolores de cabeza causados por la tensión, el grupo que utilizaba imaginería tenía tres veces más probabilidades de reportar una significativa reducción del dolor. En otros estudios, la visualización positiva redujo significativamente el dolor en pacientes con cáncer, artritis, fibromialgia, hemofilia, y migrañas. En todos estos estudios, las mejorías—en dolor, función física, y perspectiva mental—perduraron hasta dieciocho meses.

La imaginación positiva sirve también de otra manera muy poderosa. Visualizar el éxito nos permite crear mejores soluciones a nuestros problemas. Nos ayuda a planear y a anticipar desenlaces positivos para los problemas que han frustrado nuestros mejores esfuerzos. Todos conocemos personas que utilizan la imaginería positiva: parecen lograr cosas mediante la fuerza de su voluntad. El Dr. Rudolph Assagioli, un conocido psiquiatra italiano, descubrió que las personas exitosas utilizan pasos concretos que incluyen la clarificación, deliberación, elección, afirmación, planeación y adhesión al plan. Assagioli descubrió que las personas a quienes les cuesta trabajo actuar efectivamente tienden a presentar una debilidad en alguno de estos pasos. Algunas personas luchan porque no tienen claridad acerca de lo que quieren hacer; otras porque no se les ocurren suficientes opciones; y aun otras porque se les dificulta elegir un camino de acción.

Tanto Sam como Cyndi son ejemplos de personas que no lograban ni aclarar sus intenciones ni tomar decisiones sensatas. No planeaban bien, ni afirmaban sus metas. Ambos eran ineptos en cada una de las fases necesarias para crear el éxito. Para demostrar cómo se utiliza la DestrezaVital de visualizar el éxito, concentrémonos por un momento en cómo le ayudamos a Cyndi.

Nuestro primer paso consistió en cerciorarnos de que Cyndi tuviera claridad sobre su meta. Tenía que poder decir con exactitud qué era lo que quería mejorar. Después de pensarlo un poco, le quedó claro que quería poder pasar mucho tiempo con sus hijos sin sentirse presionada por falta de tiempo.

Después de fijar su, meta le pedimos que pensara en maneras que pudieran acercarla al éxito. Hacerlo le daba opciones mediante las cuales podía por lo menos contemplar salirse de la rutina. Le pedimos que ensayara un experimento con nosotros. Ese experimento era visualizarse como una madre exitosa. Le pedimos que visualizara a una Cyndi capaz de organizar su vida. Le pedimos que se visualizara haciendo sus tareas rutinarias más eficientemente y le pedimos que pensara concretamente en una manera de tener más éxito. Después de una breve práctica en esto, le pedimos a Cyndi que visualizara un día verdaderamente perfecto.

Le pedimos que nos describiera exactamente qué veía. Queríamos saber cómo era, según ella, esa clase de día. Queríamos saber exactamente qué tendría qué hacer para crear un día así. Queríamos que ella supiera también cuáles eran esas cosas— queríamos que ella aprendiera de la inteligencia de su propia mente. Queríamos que ella viera que cuando estaba serena, podía imaginar para sí una vida que marchaba bien. Y queríamos afirmar su capacidad de utilizar su mente para resolver creativamente los problemas de su vida. Cuando tuvo claridad acerca de cómo lograr su día sin que fuera una batalla perdida, le pedimos que afirmara la posibilidad de vivir en realidad el éxito visualizado.

Luego Cyndi hizo un plan para implementar esa imagen positiva, para trocarla de la fantasía a la realidad. Le pedimos que considerara qué pasos concretos se requerían y que hiciera un plan del orden en el que debía dar estos pasos. Finalmente, cuando elaboró un plan razonable de acción, le pedimos que lo ensayara nuevamente en su imaginación. Queríamos que viera el éxito, que comprendiera qué se requería para tenerlo, y que fuera capaz de acudir a su propia imaginación en busca de respuestas.

Todo este proceso tardó menos de diez minutos. En ese tiempo, Cyndi pasó de sentirse impotente a tener opciones. Pasó de sentirse agobiada a sentir esperanza. Su cuerpo se relajó, y por primera vez conocimos su sonrisa. No solamente se dio cuenta de que era posible tener éxito; sintió la esperanza en su cuerpo tranquilo. Cyndi encontró en su mente la sabiduría que no estaba a su alcance cuando se visualizaba como un fracaso. Visualizar el éxito puso a disposición de Cyndi ideas que nunca antes se le habían ocurrido. Cuando pudo percibirse como una persona exitosa, logró encontrar la forma de crear esa experiencia. Luego practicó en la mente la experiencia de éxito a lo largo del día—aun en medio de niños bulliciosos y presiones de tiempo. Con algo de práctica de su nueva DestrezaVital, se dio cuenta de que los dolores de cabeza habían desaparecido y que era capaz de llevar a sus hijos a tiempo a la escuela.

Ayudarle a Cyndi a pasar del esclarecimiento a la acción fue el paso crucial en su camino al éxito. Durante los momentos de visualizar los pasos y los resultados exitosos, pudo mantenerse calmada y relajada. A medida que visualizaba una nueva forma de manejar a sus hijos, aclaró sus ideas, produjo nuevas opciones, y eligió dirigirse en una dirección positiva. Mediante la práctica de visualizar el éxito, repetía calmadamente estrategias exitosas hasta que las perfeccionaba.

Nuestra capacidad de visualizar mejores soluciones a los

problemas que nos causan estrés es la conección que hace falta entre los problemas y las soluciones exitosas. Tanto Cyndi como Sam visualizaron el éxito y nuevamente tomaron posesión de su futuro. Conectaron un viejo problema con una nueva solución e hicieron cambios positivos en su vida. Más importante, ambos recuperaron las relaciones cariñosas de familia que habían perdido debido al estrés y a su sensación de fracaso. Esas relaciones eran y son la verdadera medida de su éxito.

Ejercicio de DestrezaVital: Visualice el Éxito

Propósito

El propósito de esta DestrezaVital es . . .

- Encontrar mejores formas de lograr sus metas.
- Sentirse exitoso en relación con lo que hace.
- Crear mejores elecciones y opciones.

Práctica

1. Piense en algún aspecto de su vida en el cual usted no es exitoso.
2. Inhale tres veces lenta y profundamente con el abdomen.
3. Visualice en su mente el éxito en la actividad elegida.
4. Descríbase a sí mismo lo que la imagen exitosa le mostró acerca de la forma de tener éxito.
5. Piense en qué forma ese éxito es diferente de las cosas que usted hace habitualmente.
6. Ahora planee cómo puede poner en práctica lo que vio.

Consejos

- Empiece con pequeños pasos y pase poco a poco a retos mayores.
- Practique este ejercicio por lo menos tres veces para cualquier problema en particular—más si lo que usted está enfrentando es algo importante.
- Anote las ideas de éxito que se le vienen a la mente.
- Tómese su tiempo para "ver" realmente el desenlace positivo concreto que usted desea.

Aplicación

Utilice esta DestrezaVital . . .

- Antes de entrar a una reunión importante.
- Cuando le pida a su jefe un aumento o un ascenso.
- Antes de una conversación importante con un amigo, miembro de su familia o colega.
- Cuando esté intentando mejorar su golpe en golf o en tenis.
- Cuando haga una dieta y cambie de patrones de hacer ejercicio.
- Cuando esté en un conflicto cuyo desenlace ideal para usted sería un resultado en que todos salgan ganando.

DESTREZAVITAL "VISUALICE EL ÉXITO":

Las investigaciones nos demuestran que si nos visualizamos exitosamente, tenemos mayores probabilidades de lograr nuestras metas y sueños.

CAPÍTULO 7

Desacelere

Casi todas las personas con quienes trabajamos dicen estar escasas de tiempo. Se sienten extremadamente ocupadas, dicen tener muchas exigencias sobre su tiempo, o se quejan de que el trabajo absorbe toda su energía. Esto le pasa a Sally, madre de tres pequeños, así como a Milt, cuyos hijos ya se marcharon a la universidad. Mark, estudiante de universidad, sentía que le faltaba tiempo, al igual que Louise, quien estaba jubilada. Casi todas las personas con quienes hemos trabajado o que conocemos se sienten abrumadas. En todas partes las personas se quejan de tener demasiado que hacer y de no tener suficiente tiempo para hacerlo. Estar apurado es para casi todos nosotros un estado normal. El problema es que este apuro constante genera más estrés del que elimina y ni siquiera ayuda a que logremos hacer más.

Sally no podía imaginar sentarse a disfrutar un almuerzo tranquilo. Sus hijos querían su atención a cada instante, y se sentía culpable en las pocas ocasiones en que no se las daba. Milt, por otro lado, no podía imaginar cenar sin leer los informes de negocios que no había alcanzado a leer durante el día. Louise pensaba que si no estaba ocupada todo el tiempo, estaba desperdiciando su jubiliación, y Mark tomaba clases adicionales y tenía dos empleos para salir adelante. Cada una de estas personas muy ocupadas lograba mucho, y sin embargo cada una se preguntaba por qué la vida no le proporcionaba suficiente alegría.

La respuesta es sencilla: ninguno de ellos ha aprendido la importancia de la DestrezaVital que denominamos desacelerar. Hay una frase maravillosa en una canción de Simon y Garfunkel que destila a su esencia este proceso: "Ve más lento, vas demasiado aprisa: tienes que hacer que la mañana dure." Aprender a hacer las cosas más lentamente es simple en realidad, y sin embargo en nuestra vida trajinada muchas veces se deja de lado este enfoque. Louise decía que tenía éxito en la vida porque podía hacer tres cosas a la vez, y Milt estaba convencido de que su carrera florecía porque lograba todo lo que podía en el menor tiempo posible. Sally se sentía demasiado ocupada para considerar siquiera hacer las cosas más despacio.

Esta destreza vital de desacelerar nos recuerda todo lo que nos perdemos cuando estamos apurados. Por ejemplo, Sally se sentía por lo general tan abrumada, que se perdía muchas de las delicias de ser madre. Milt ganaba mucho dinero pero rara vez se relajaba, y Louise, aunque estaba jubilada, nunca sentía que tenía suficiente tiempo. Mark estaba tan concentrado en lograr buenos resultados en la universidad que no podía entender el concepto de disfrutar lo que estaba haciendo cuando lo estaba haciendo. Cada una de estas personas era exitosa de alguna forma y un fracaso de otra forma. Cuando nos entrevistamos con ellos sentían que su éxito era algo vacío y la tensión era evidente.

El dilema al que se enfrenta cada uno de nosotros es cómo lograr hacer todo lo que tenemos que hacer sin perder la paz y la alegría. En nuestra vida atareada, esa no es una misión fácil. El punto central es este: aunque tenemos más que hacer que tiempo para hacerlo, no ganamos nada con corretear como gallinas descabezadas. Es importante trabajar productivamente, desde luego, ya que todos tenemos múltiples tareas por lograr. No obstante, es solamente cuando desaceleramos que percibimos un asomo de los más profundos regalos de la vida.

De cierta forma, afirmar nuestra perpetua necesidad de apurarnos para lograr hacer las cosas equivale a decir que la operación fue un éxito pero el paciente se murió. Todos morimos un poco cuando terminamos el informe a tiempo pero se nos sube la presión arterial al lograrlo.

El Dr. John Laragh de la Escuela de Medicina de la Universidad Cornell es una de las autoridades mundiales en investigación sobre la presión arterial. Apareció en 1975 en la carátula de la revista Time por su descubrimiento de que la quimosina, una enzima que el cuerpo libera cuando está bajo estrés, aumenta la presión arterial. Con base en las investigaciones del Dr. Laragh, se desarrolló un grupo de medicamentos nuevos que bloquean la quimiosina y de esta forma controlan la presión arterial. A pesar de ese historial, el Dr. Laragh ha sido uno de los principales proponentes de utilizar terapias—por ejemplo los métodos de relajación—que no se basen en medicamentos, para ayudar a reducir la presión arterial. Uno de estos métodos es la DestrezaVital de desacelerar, que se ha demostrado que es una forma altamente efectiva y eficiente de disminuir la presión arterial.

Desacelerar es muy simple: lo que requiere esfuerzo es la práctica. En este capítulo, así como en los demás, le pedimos que ponga en práctica lo que enseñamos. La práctica diaria continuada de las DestrezasVitales le permite desarrollar un nivel de competencia emocional que lo guiará exitosamente a lo largo de los altibajos de la vida.

Uno de los efectos negativos de vivir apurado es que no se saca tiempo para la familia, hijos y amigos. También se pasa por alto la belleza de los atardeceres, los colores del otoño y el diseño que hace la lluvia sobre las ventanas. La buena noticia es que los beneficios de desacelerar son instantáneos y aumentan incluso con pequeños cambios. Desacelerar puede empezar por algo tan simple como prestar atención a lo que come. En lugar de desayunar un burrito mientras conduce a toda velocidad o entrar apuradamente al sitio más cercano de comida para llevar y luego comer en medio del alboroto, puede fácilmente dedicarle un minuto a probar y saborear lo que ingiere.

Apurarse y no prestar atención a los alimentos que comemos puede llevar a serios problemas. Una cosa es no saborear y no disfrutar todo el aroma de un taco, pero otra es atragantarse una hamburguesa BigMac todos los días para el almuerzo porque siempre se está con prisa. Las investigaciones sugieren que comer demasiado aprisa es un factor que contribuye a la creciente epidemia de obesidad en los Estados Unidos. Cuando comemos demasiado aprisa, el cerebro no tiene suficiente tiempo de decirle al estómago que está lleno. Sin esa advertencia, lo que comemos supera por mucho el hambre que sentíamos y como resultado aumentamos de peso.

Otro problema de comer apuradamente es que muchas veces es un intento deficiente por administrar el estrés. Todos conocemos la sensación de llenura, placidez y somnolencia que nos causan las grandes cenas de los festejos. Muchas personas rutinariamente comen en exceso como una forma de tratar de capturar ese sentimiento (y por ende sentir menos estrés). Desafortunadamente, excederse en la comida, y todas las calorías adicionales que acompañan ese exceso, no es una manera efectiva de desacelerar y aliviar las aflicciones. De hecho, comer en exceso *causa* más estrés del que logra *controlar*. La porción adicional de papas fritas que comemos porque nos sentimos afanados es mala para la salud. Cierto, cuando estamos cansados o apurados, es difícil recordar las sutilezas de la pirámide alimenticia. Elegir correctamente en cuanto a alimentos requiere tiempo y energía. Pero puesto que las elecciones adecuadas, y el tiempo para degustarlas, son necesarias para nuestra buena salud, son un tiempo y una energía bien invertidas.

Mientras que empacarse de vez en cuando un Whopper no tiene problema, elegir mal consistentemente en cuanto a comida y comer demasiado como cuestión de rutina tiene consecuencias terribles. La obesidad es un problema enorme y creciente en los Estados Unidos tanto en adultos como en niños. Sally, a quien conocimos antes en este capítulo, sabía que se debía alimentar mejor así como a sus hijos, pero cuando estaba atrasada, una pizza o una hamburguesa era todo lo que lograba producir. Detestaba el hecho de que había subido quince libras desde el nacimiento de Nick, su hijo mayor. Mack, su esposo, comía cualquier cosa que le pusieran en el plato y también él había subido de peso. Ambos le atribuían el aumento de peso a estar demasiado ocupados para comer bien. Cuando recibimos a Sally en la clínica, le dijimos que pensábamos que este era un precio demasiado alto.

Para cada uno de ustedes que lee este libro, existe una forma fácil de determinar si está demasiado apurado y desconcentrado para disfrutar su día. Por favor hágase usted mismo las siguientes preguntas simples:

- ¿He tenido una conversación con alguien recientemente, y momentos después olvidé de qué habíamos hablado?
- ¿He comido recientemente a tal velocidad que sentí malestar estomacal al terminar?
- ¿Recuerdo qué almorcé ayer?
- Al final del día, ¿me pregunto qué logré en las horas anteriores?
- ¿Me encuentro a menudo diciendo, "Sencillamente no tengo suficiente tiempo"?

- ¿Siento con frecuencia que me estoy perdiendo de algo aun cuando estoy haciendo algo que disfruto?
- Cuando hablo con las personas, ¿pienso con frecuencia no en sus palabras sino en lo que tengo que hacer?

Si siquiera dos de estas preguntas generan en usted una respuesta afirmativa, posiblemente usted vaya demasiado rápido para su propio bien. Si esta es una semana inusual y usted está más ocupado que de costumbre, no hay problema. No obstante, si hacer todo a la carrera es normal para usted, su salud y su felicidad sufrirán a menos que cambie la forma de hacer las cosas. Necesita aprender a desacelerar, y debe practicar esta Destreza-Vital con constancia.

Si respondió que si a varias de las preguntas anteriores, quizás ya esté sintiendo las repercusiones de sus carreras sobre su salud. Una serie de estudios han demostrado consistentemente que las personas que viven apuradas y, en particular, las que interrumpen conversaciones, tienen un riesgo mucho más elevado de padecer enfermedades del corazón y de sufrir ataques al corazón. Este descubrimiento fue presentado por primera vez por los doctores Meyer Friedman y Ray Rosenman, dos eminentes cardiólogos de San Francisco en un libro pionero en su género llamado *Type A Behaviour and Your Heart* (El comportamiento del tipo A y su corazón). Estos investigadores identificaron el sentirse de afán como el mayor problema. Investigaciones posteriores han refinado esta idea y han descubierto que tanto la presión de tiempo y la hostilidad son peligrosas.

Un reciente estudio de la Universidad de Duke descubrió que las personas que viven a toda velocidad y que rutinariamente interrumpen conversaciones tienen una probabilidad siete veces mayor de desarrollar enfermedades del corazón. Concluyeron que este tipo de personas son competitivas, controladoras, apuradas y hostiles—todos factores de riesgo en relación con enfermedades del corazón. Para cambiar este patrón negativo, los investigadores crearon otro estudio que incorporaba la DestrezaVital de desacelerar. A los participantes se les indicó que debían desacelerar y escuchar en lugar de apresurarse e interrumpir para pasar al siguiente tema o controlar la conversación. Ese simple cambio tuvo un efecto poderoso: los resultados de las investigaciones sobre esta DestrezaVital mostraron que la presión arterial de los participantes se redujo y que su nivel de químicos de estrés, como la renina, se redujo simplemente por el hecho de disminuir la velocidad y escuchar.

Ahora bien, si usted todavía no está convencido de que desacelerar es provechoso para usted, a continuación presentamos un pequeño ejercicio mediante el cual puede poner a prueba nuestra afirmación. Si una imagen vale más que mil palabras, este ejercicio convencerá a casi todo el mundo de que hay mucho por ganar al desacelerar. Empiece este experimento poniendo delante de usted una media docena de pasas o de algo que sea pequeño (fácil de organizar) y sabroso. Luego imagine que está apurado y que tiene solamente unos momentos para comer cualquier cosa antes de salir corriendo. Adelante, tome un par de pasas y cómalas a toda prisa. Pregúntese: ¿a qué le supieron las pasas?

Antes de tomar otra, haga lo siguiente:

- Primero, imagine que tiene tiempo de sentarse y comer sin prisa.
- Ahora tome una de las pasas y dedique un momento a olerla.
- Enseguida, note la forma de la pasa; asimile su color y textura.
- Luego dele vueltas en su mano y observe cómo es la sensación entre sus dedos y sobre su palma.
- Llévesela a la boca y degústela unos segundos.
- Luego muérdala una vez, lenta y atentamente, sin masticarla.
- Finalmente cómala con lentitud, prestando atención a los sabores en su boca.
- Luego pregúntese: ¿A qué me supo la pasa?

Casi todo el mundo tiene una mejor experiencia cuando come la segunda pasa que con las primeras. Algunas personas dicen quedar asombradas por cuánta sensación y placer derivaron de comerse una pasa. Otras personas comentan que nunca antes habían degustado plenamente una pasa. Asumimos que cuando usted haya probado el experimento, notará que las pasas saben mejor, y que usted se siente mejor, cuando desacelera.

Esta lección simple puede ser aplicada por igual a las actividades pequeñas y grandes de su vida. El mensaje para retener es este: nuestras tareas rutinarias proporcionan ricas experiencias cuando nos tomamos el tiempo para disfrutarlas.

Desacelerar significa hacerlo todo con atención y cuidado. Desacelerar significa hacer una cosa a la vez. Desacelerar significa prestar atención a lo que está haciendo y pensar lo menos posible en las otras cosas que tiene que hacer. Disminuir la velocidad significa hacerlo todo, sea lo que sea, como si esa tarea fuera importante. Le mostramos a Sally que incluso la lavada de la ropa podía hacerse con serena atención. Cuando lo ensayó, se dio cuenta de cuánto le disminuía el estrés. Se dio cuenta de que cuando no estaba pensando en las otras doce tareas que tenía por hacer, podía experimentar una sensación de calma mientras que completaba incluso una tarea tan mundana, y podía terminarla con eficiencia.

Desacelerar es algo que se puede practicar en cualquier momento y en cualquier lugar. Es una de las herramientas más poderosas que hemos descubierto para reducir el estrés y para aumentar la felicidad. Le pedimos a Louise que empezara por prestar atención a lo que comía y que luego desacelerara mientras lavaba los platos. Nuestra sugerencia para Mark era que dejara de lado su música portátil la próxima vez que saliera a correr y que más bien prestara atención a su respiración. Le pedimos a Milt que parara un momento después de leer cada memorando de negocios y que reflexionara sobre su contenido. A Sally se le pidió que observara cómo sus hijos exploraban su mundo y que viera si era capaz de observarlos sin llenarse de impaciencia.

Por favor comprenda que no es necesario desacelerar todo el día. Lo que sí es necesario es contar con un interruptor que le permita desacelerar a voluntad. Existen incontables beneficios derivados de desacelerar y prestar atención. El estrés que usted siente por no tener suficiente tiempo proviene no solamente de su prisa sino también del mensaje constante de su mente: "Tiene tanto que hacer y tan poco tiempo para hacerlo." Cuando desacelera, ejerce menos presión sobre el cuerpo; y por ende tiene más energía para lograr las tareas. También pone menos presión sobre su mente. Piense en el capítulo anterior sobre la visualización. Al recordar cómo los mensajes negativos afectan su bienestar puede comprender qué tan peligroso es repetir una y otra vez, "No tengo suficiente tiempo."

Si quiere recordar fácilmente cuál es el problema con la charla negativa auto dirigida, pruebe esta simple práctica. Cierre los ojos e imagine que está atrasado para una reunión (y que tiene reuniones todo el día). Oblíguese a recordarse que tiene demasiado que hacer y que no tiene suficiente tiempo para hacerlo. Su cuerpo entero se tensará y el corazón se le acelerará. Esa es la negatividad en acción.

Ahora cambie de engranaje. Respire profundo y diga algo positivo: "Tengo todo el tiempo que necesito." Esa afirmación es otra forma de practicar el arte de desacelerar. Note con cuanta rapidez su cuerpo y su mente se relajan cuando dice algo calmante.

Desacelerar es una práctica maravillosa. Hemos descubierto que el aspecto más importante de la vida para poner en práctica esta destreza son las relaciones. Participar positivamente con su familia, sus hijos, su pareja, sus amigos y colegas es el mejor amortiguador del estrés que existe. Saber que alguien se interesa en usted hace más fácil soportar las épocas difíciles y hace mejores aún los tiempos buenos. Las personas que se relacionan con interés no solamente son más felices, sino que tienden a ser más saludables y a vivir más tiempo. Desafortunadamente, demasiadas personas permiten que su prisa y su ocupación les impidan crear relaciones perdurables. Cumplir las exigencias de la vida nos impide a muchos darles suficiente tiempo a los amigos y a la familia. Otros, heridos por problemas pasados con amigos y parientes, no sienten que tienen la energía para intentarlo de nuevo.

Nuestro papel es recordarle que vale la pena hacer el esfuerzo por otros. Todos necesitamos a la gente, sea que estemos jóvenes o seamos mayores, solteros o casados, en la cúspide o apenas empezando. Por fortuna, hacer amigos cercanos y conservarlos es un talento que usted puede mejorar con la práctica. La DestrezaVital de desacelerar y prestar atención le ayudará a acercarse más a la gente.

Cuando Milt vino a vernos se quejaba de que no tenía suficiente apoyo en su vida. Se sentía poco apreciado y creía que las personas lo daban por descontado. Su relación con su esposa se sentía estancada y predecible, y no tenía tiempo para sus amigos.

Como punto de partida, le preguntamos cuál creía él que era la razón de la falta de apoyo. Le pedimos que reflexionara en torno a dos de las razones más frecuentes que conocíamos:

1. Sabe cómo hacer amigos pero sencillamente no tiene suficiente tiempo.
2. Ha intentado hacer amigos o acercase a los amigos y parientes que tiene pero acaban hiriéndolo.

Milt respondió inmediatamente que estas eran de hecho las razones por las cuales se sentía poco apreciado y se sentía alienado. Le sugerimos que encontrara tiempo para desacelerar y prestar atención a las experiencias sociales de todos los días.

Le pedimos a Milt que sostuviera todos los días una conversación de cinco minutos con su esposa—una conversación verdadera enfocada exclusivamente en ella. Implicaba no estar comiendo, ni viendo televisión, ni leyendo, ni distraerse de ninguna otra forma mientras que hablaba y escuchaba. También le sugerimos que le preguntara si ella sentía que él le prestaba suficiente atención a su conversación. Al comienzo, Milt decía que para él estas instrucciones eran a la vez difíciles y enojosas. Resentía darle a su esposa el "poder"—según sus palabras—y se sentía incómodo con una conversación que no estaba acompañada por ninguna otra actividad. No obstante, perseveró y con el tiempo encontró gratificantes tanto la conversación como el tiempo de calma.

Además al uso de esta nueva DestrezaVital de la conversación con su esposa, le sugerimos que la aplicara con los demás miembros de la familia y sus asociados, incluyendo sus socios en el negocio y sus hijas universitarias. Le sugerimos que prestara atención—es decir que escuchara sin hacer ninguna otra cosa mientras escuchaba—cada vez que una de sus hijas le hablara por teléfono. También le sugerimos que apartara tiempo por lo menos una vez a la semana para encontrarse con un amigo a almorzar o cenar y que enfocara una parte de la conversación en cualquier cosa que no fuera negocios. También le sugerimos que invirtiera parte de sus reuniones de negocios en preguntarles a sus asociados sobre cómo iba su vida. Le dijimos a Milt que, siempre que se tratara de relaciones, era importante que revelara más de sí que su atuendo y su planeador diario.

Milt descubrió que aprender a desacelerar y prestar atención le servía para manejar los dos aspectos de su alineación social. A medida que desaceleraba en su forma de relacionarse, empezó a prestarles más atención a las personas. El resultado colateral es que empezó a notar que las personas tenían más atención para ofrecerle a él. Sacaba más provecho de las conversaciones, y las personas estaban más interesadas en charlar con él. Milt aprendió también que el simple acto de desacelerar y de prestar atención lo convertía en un mejor escucha cuando su esposa y sus hijas hablaban.

Desacelerar y escuchar resultaron ser herramientas poderosas para mejorar las relaciones de negocios de Milt y también para reducir sus múltiples resentimientos. Ya no se sentía aislado e incomprendido. Aprendió a hacerles saber a las personas

que entendía su punto de vista y que había escuchado sus sentimientos. Descubrió que era más gratificante prestarle atención
a la persona a quien estaba escuchando que mantener andando
cinco cosas en la mente al mismo tiempo.

Al igual que Milt, usted puede aprender a desacelerar y
prestar atención. Los resultados para usted, al igual que para él,
incluirán una disminución del estrés, mejores relaciones y un
descenso de la presión arterial.

Ejercicio de DestrezaVital: Desacelerar

Propósito

El propósito de esta DestrezaVital es . . .

- Ponerle menos presión al cuerpo.
- Liberar más energía para lograr lo que necesita lograr.
- Permitir tiempo para apreciar todo lo que su vida tiene para ofrecerle.

Práctica

1. Haga una actividad común lenta y cuidadosamente y con atención concentrada. Empiece con un par de respiraciones abdominales lentas. Luego preste mucha atención a lo bien que huele algo (una rosa, algo de comer); note lo hermoso que luce algo (la naturaleza, un ser amado, una obra de arte); mire con detenimiento todos los aspectos de algo (la maravilla de sus manos, por ejemplo). Absorba sabores, colores, texturas y formas maravillosas.
2. Cuando se sienta afanado, dígase, "Tengo todo el tiempo que necesito."

Consejos

- De vez en cuando, acelere en lo que está haciendo para que se dé cuenta lo incómodo que es.
- Haga el ejercicio de hacer una cosa de la forma acostumbrada y luego hacerla desacelerando.
- Recuérdese que no puede ir más de prisa que el máximo posible para usted.
- Note cómo su respiración es más pausada y usted se siente más calmado siempre que hace las cosas más lentamente.
- Observe que los alimentos saben mejor cuando los ingiere lentamente.
- Descubrirá que su familia y sus amigos lo aprecian más cuando usted desacelera para hablarles y escucharlos.

Aplicación

Utilice esta DestrezaVital . . .

- Cuando esté haciendo la fila en la caja del supermercado o en el control de seguridad del aeropuerto.
- Cuando vaya apurado para una cita.
- Cuando note que está conduciendo con demasiada velocidad.
- Cuando esté tomando vino, para poder realmente degustar el sabor.
- Cuando sienta impaciencia.

- Cuando se sienta aburrido.
- Cuando esté preparando la cena para sus amigos, su familia o usted mismo.

DESTREZAVITAL "DESACELERAR":

Desacelerar y estar totalmente concentrado en lo que hace es una de las formas más efectivas de manejar el estrés y de manifestar tanto salud como felicidad.

CAPÍTULO 8

Apréciese a Sí Mismo

Este capítulo elabora sobre las destrezas presentadas en el Capítulo 4, que se concentraban en el poder de contar las bendiciones. Queremos reiterar que el propósito de nuestro Programa Sin Estrés no es solamente reducir su estrés (y por lo tanto el desgaste de su cuerpo), sino también ayudarle a convertirse en una persona más feliz. Es por ello que el Programa Sin Estrés es mucho más que simplemente un programa de entrenamiento para el manejo del estrés.

Consideramos que desarrollar las variadas facetas de la destreza de la apreciación es el fundamento de nuestro Programa Sin Estrés y el fundamento de una vida más feliz. El Capítulo 4 lo conminaba a notar la belleza de lo que lo rodeaba y las cosas buenas de su vida. Esta simple práctica sirve para reducir el estrés y para aumentar la felicidad. Esta nueva DestrezaVital se concentra en el aprecio por sí mismo—lo bueno que usted hace, el amor que ofrece y la forma en que usted contribuye a que el mundo sea un mejor lugar.

Muchas personas que consultan con nosotros en la clínica vienen con padecimientos físicos de diversos órdenes. Ciertas personas, como Sarah, sufren de hipertensión debida a hábitos alimenticios deficientes, exceso de trabajo, edad y circunstancias familiares difíciles. O Eric, cuyo dolor de espalda provocado por el estrés es tan severo que logra pasar el día tan solo a punta de tomar ibuprofeno día y noche. O Janet, quien trata de compaginar los estudios, los hijos, el divorcio y un trabajo que le provoca agotamiento, mal genio y dolores de cabeza. Cada persona que vemos nos cuenta sus problemas y describe diversos tipos de estrés específicos. Escuchamos, nos interesamos en el dolor que siente cada persona, y le proponemos estrategias de mejoría. Muchas veces, no obstante, nos llama la atención otra cosa—algo tácito—que es el problema real de fondo para estas personas.

Ese "algo" es que la mayor parte de la gente sencillamente no es lo suficientemente feliz. No perciben suficiente alegría en la vida. Esto puede ser una verdad de a puño—las personas que van a consultar a los psicólogos no son lo suficientemente felices—pero es lo suficientemente importante para que lo consideremos un síntoma claro y concreto.

Janet no llegó a hablar directamente sobre esa "otra cosa" que le faltaba, pero era claro al hablar con nosotros. Su sensación de estar abrumada era palpable, aunque no utilizaba la palabra feliz o infeliz mientras que describía la frecuencia y duración de sus dolores de cabeza. Hablaba de estrés, cansancio, agobio y obligaciones. Lo que escuchábamos por encima de todas estas palabras era un simple ruego de ser más feliz. En el fondo de la discusión sobre sus dolores de cabeza y su estrés había un deseo de disfrutar más su vida.

Descubrimos lo mismo en el caso de Ellen. Su principal queja era la angina de pecho. Los dolores que sentía en el pecho cuando hacía algún esfuerzo le producían un miedo mortal. Existía un fundamento real para sus temores, puesto que los investigadores saben que el estrés puede reducir el flujo de sangre al corazón tanto como el esfuerzo físico. Puesto que no existían evidencias médicas de que Ellen tuviera una enfermedad del corazón, era su preocupación excesiva la que, al limitar el flujo sanguíneo al corazón, estaba creando la angina. Ellen tenía miedo de las nuevas experiencias e incluso de alejarse demasiado de casa. Se aferraba a su esposo cuando se enfrentaba al estrés y generalmente restringía su vida al manejo de su dolor y su miedo. Pero subyacente a las preocupaciones que expresaba Ellen en cuanto a su corazón y el dolor de la angina, lo que oíamos era una mujer que lamentaba la falta de felicidad en su vida. De nuevo, no decía directamente que era infeliz, pero de todos modos lo oíamos. Percibimos este ruego en el caso de la mayor parte de nuestros pacientes, y lo enfrentamos directamente mediante destrezas que se pueden enseñar como la apreciación de sí mismo.

Apreciarse a sí mismo es otra DestrezaVital cuya meta es ayudarle a disfrutar su vida diaria y a deleitarse con esta. Esta práctica le pide que aprecie todas las cosas que hace a diario que son amorosas o útiles. Muchas personas luchan por apreciarse: rara vez reconocen el bien que hacen y los talentos rutinarios de los que hacen gala. Esta DestrezaVital nos recuerda que todos hacemos una serie de cosas cada día que merecen reconocimiento. Es demasiado fácil darnos por descontado. Las personas no tienen que inventar una cura para el cáncer o tener un trabajo destacado o una casa grande para apreciar lo que hacen y los talentos que tienen. Y si aprenden a apreciar estas cosas, evitan una de las primeras causas de la infelicidad.

Afirmamos que en el caso de la mayoría de nuestros pacientes, es posible lograr una mayor felicidad. Ahora bien, una mayor felicidad no significa que sus vidas serán fáciles todo el tiempo. De hecho, anhelar una vida sin dificultades es un camino cierto hacia la infelicidad. Por ejemplo, cuando le dimos consejos a Janet, no visualizábamos un futuro libre de tropiezos. No minimizamos la presión que sentía, la cantidad de cosas que tenía que lograr, o los dolores de cabeza que padecía (que eran causa legítima de preocupación). Janet tenía demasiadas cosas pendientes en su vida y no contaba con mucho apoyo.

De igual manera, estábamos plenamente concientes de cuán temible era para Ellen el dolor en el pecho. Estar enfermo produce temor y dolor. Sabíamos que el trabajo de Eric era pesado y que su jefe era intimidante. También sabíamos que con dos hijos pequeños no podía abandonar su trabajo actual, por más que quisiera hacerlo. Con estos dos ejemplos y otros, como la pérdida de un trabajo o el fallecimiento de un miembro de la familia, el sufrimiento es apropiado. El asunto siempre es cuánto sufrimiento y por cuánto tiempo.

Algunas personas cuya infelicidad es continua sufren de una depresión mórbida severa. Estas personas requieren tratamiento médico y/o sicológico para sentirse mejor. (En el caso de una depresión severa, es claro a partir de las investigaciones actuales que una combinación de psicoterapia y los medicamentos adecuados funcionan mejor que cualquiera de los dos tratamientos por sí solos). La mayor parte de las personas, no obstante, puede encontrar una mayor felicidad, a pesar de las dificultades de la vida, por el simple hecho de afinar nuestra capacidad de apreciación.

Cuando las personas se acostumbran a ver el vaso mitad vacío, olvidan que puede percibirse a medio llenar y que necesitan que esto se les recuerde periódicamente. Otra forma de expresar esto es que la felicidad se puede enseñar y luego se puede poner en práctica—incluso en una vida plagada de dificultades. Destrezas simples como la apreciación llevan a las personas a tener experiencias más positivas. La DestrezaVital del aprecio por sí mismo produce resultados inmediatos en la reducción del estrés y en el aumento del bienestar, y con apenas un poco de práctica conduce a las personas hacia una mayor satisfacción.

Recuerde, sentirse bien no tiene que ser tan difícil como solemos creer. La vida causa estrés, sin lugar a dudas, y el manejar ese estrés es una necesidad en la vida. Pero es posible. ¿Recuerda cómo es de gratificante lograr superar de verdad una dificultad o un impedimento en la vida? Por más gratificante que sea, no es suficiente; es apenas parte de la solución. Encontrar una vida de mayor felicidad y vivirla es otra parte, y debe ser practicado.

Sarah era una maestra de escuela de sesenta años que tenía deberes adicionales pues cuidaba a su esposo, Jim, bombero jubilado. Jim había dejado de trabajar cuatro años antes cuando la artritis reumatoidea empeoró. Jim no era minusválido, pero su movilidad se había reducido y padecía dolores. Sarah y Jim tenían tres hijos ya mayores y cinco nietos. Sus hijos eran fieles y abnegados, y regularmente traían a los nietos de visita. Sarah había enseñado en la escuela elemental durante veinticinco años y su jubilación todavía tardaría unos años. La pensión de su esposo no era cuantiosa, y los gastos médicos eran altos.

Sarah vino a vernos porque había desarrollado hipertensión. Aunque este síntoma se vuelve más común a medida que la edad avanza, un año antes la presión de Sarah era normal. En una consulta de rutina con el ginecólogo el año anterior, se encontró que tenía la presión arterial elevada, y la presión había ido en aumento desde entonces. Desde la jubilación de Jim, había subido de peso 15 libras y por primera vez en su vida no lograba perder ese peso cuando lo intentaba. Una de las formas en que Sarah lidiaba con lo que la vida le daba, lo reconocía, era comiendo alimentos más engordadores y en mayores porciones. Como lo analizábamos anteriormente, las personas muchas veces tratan de sedarse con la comida en un intento por reducir el estrés. Si bien la sensación de excesiva saciedad sí reduce el estrés temporalmente, también aumenta las medidas de la cintura.

Todas las personas que conocían a Sarah pensaban que era una mujer encantadora—cálida, cariñosa, y amable. No obstante, se describía como fatigada y presa del estrés. Con demasiada frecuencia, reportaba, sentía una sensación de urgencia e impaciencia, como si su vida la estuviera pasando de largo. Esta fue para nosotros una señal de advertencia, puesto que un estudio muy amplio de la enfermedad del corazón en 2003 (el proyecto CARDIA) descubrió que la sensación de urgencia en el tiempo y de impaciencia conduce a un aumento de la presión arterial. Sarah hablaba de haber superado su período de utilidad como maestra. Nos dijo que casi todas las profesoras de su edad se habían jubilado en los pasados años. Luchaba porque tenía la misma edad que la madre de la rectora de la escuela y la edad de las abuelas de sus colegas. Aludía al aumento de su presión arterial como una indicación fija de su mortalidad y del declive inevitable de la edad. En general, Sarah era una mujer desanimada y nuestro trabajo consistía en enseñarle a apreciarse más.

Ver lo bueno que tenía Sarah no fue una tarea difícil. Después de escuchar sobre sus dolores, temores y luchas, la imagen que le entregamos en reflejo era que sentíamos que teníamos frente a nosotros a una heroína. Empezamos a hacer una lista de todas las cosas que ella estaba haciendo para ayudar a los demás. Pusimos en relieve el increíble servicio que le prestaba a su esposo—la paciencia que tenía, la bondad, y el trabajo diario que implicaba ayudarle a adaptarse a su enfermedad. Hicimos comentarios sobre el hecho de que continuara enseñando a niños pequeños y el cuidado evidente que tenía hacia ellos. Le recordamos los lazos tan estrechos que tenía con sus hijos y con sus nietos. Le dijimos que ante nuestros ojos ella era valiente y fuente de inspiración. Su fortaleza nos conmovía y de verdad la llamábamos una heroína. Trabajaba duro en circunstancias adversas y ayudaba a un buen número de personas. Pero sencillamente ella era incapaz de ver todo lo bueno que hacía y qué tan importante era su vida. A medida que nuestra reunión avanzaba, y ella todavía no lograba apreciarse a sí misma, le pedimos que respondiera dos preguntas.

1. ¿Qué perdería el mundo si ella dejara de hacer todo lo que hacía?
2. ¿Desea ver la copa de su vida como medio llena o medio vacía?

Estas dos preguntas están relacionadas. La primera nos pide que miremos quiénes se benefician de nuestras acciones diarias. Sarah tenía a su alrededor muchas personas para quienes ella significaba una gran diferencia—su esposo, sus hijos, sus nietos, sus alumnos, y sus padres. La segunda pregunta da a entender que cada uno de nosotros tiene cierto grado de opción acerca de la forma como se siente. Y eso es verdad: podemos elegir practicar la apreciación; podemos aprender a prestar atención a la forma como enriquecemos el mundo. No siempre podemos mejorar las cosas, pero sí podemos sentirnos mejor acerca de ellas y podemos seguir trabajando en pro del bien. A medida que Sarah ponía en práctica la DestrezaVital del aprecio de sí misma, su presión arterial regresó gradualmente a la normalidad en el transcurso de los siguientes tres meses.

La clave para que este ejercicio funcione—y funcione poderosamente—es entender que lo que apreciamos de nosotros mismos no tiene que ser gran cosa. Nuestra bondad no tiene que ser material de cine o televisión. Si quiere modelar su bondad en una película, pase de largo a Superman y concéntrese en la película *It's a Wonderful Life*. En esta película clásica, George, el personaje actuado por Jimmy Stewart, descubrió que las buenas obras de su vida eran recordadas por las personas a quienes había ayudado y que él había influido profundamente sobre sus vidas. No tenemos que escribir La Novela del Siglo XXI o tener un trabajo emocionante para poder ser útiles e importantes. Solamente tenemos que hacer cosas que ayudan a alguien, a alguna causa o a nosotros mismos. Y la buena noticia es que todos lo hacemos. Todos contribuimos más de lo que podríamos imaginar a nuestra familia, nuestros amigos, nuestra comunidad y nosotros mismos. Las cosas que marcan la diferencia son tan simples que es comprensible que las pasemos por alto.

Nuestra bondad radica en lavar la ropa y cocinar la cena e ir al supermercado y recoger el desorden de los hijos. Se encuentra en llenar el tanque del automóvil con gasolina y en ofrecerles paciencia a los miembros de la familia. Es despertarse un sábado para jugar con nuestros hijos y quedarnos despiertos hasta tarde para hablar con nuestros amigos o con nuestra pareja. Es irnos a trabajar para sostener a la familia o llamar a un amigo para saber cómo está. Es recordarnos en el trabajo que lo que hacemos le resulta provechoso a alguien que recibe nuestros servicios. Es hacer nuestro trabajo recordando que sentimos un deseo de ayudar. Es servir de voluntarios en la escuela de nuestros hijos o enviar un cheque a una obra de caridad. Es asegurarnos de que nuestra pareja se sienta apreciada. Es darles un masaje en la espalda cuando están cansados. El bien que hacemos está por doquier: tan solo tenemos que buscarlo. Cuando lo buscamos, lo encontraremos. Cuando lo encontremos, descubriremos nuestro propio trozo de heroísmo, sin el cual el mundo no sería el mismo.

A medida que usted aprenda la DestrezaVital de apreciarse, le recordamos prestar atención a la forma como se refiere a sí mismo. Puede elegir lo que se dice a sí mismo acerca de su vida. ¿Se dice que es un fracaso? ¿Se dice que no ha logrado lo suficiente? ¿Denigra de sí mismo por errores e imperfecciones que son apenas parte normal de ser humano? Cuando algo sale mal, ¿se imagina usted que ha metido las patas en forma grave? Si usted hace todas estas cosas, entonces no es sorprendente que se siente con estrés y poco apreciado. Además del estrés que vive en su vida, le está agregando un estrés adicional en lo que se dice a sí mismo. Recuerde: siempre puede elegir qué se dice a sí mismo.

Craig vino a vernos en la clínica. Era un contador que trabajaba demasiado y era menospreciado, y tenía dolores severos de espalda. Nos contó que había recibido una nota que le informaba que su supervisor quería hablar con él. Siendo un pensador negativo, Craig inmediatamente llegó a la conclusión de que seguramente había hecho mal alguna cosa. Trató de recordar cada proyecto en el cual pudiera haber cometido un error. El hablar consigo mismo de esta forma lo hacía sentir nervioso de encontrarse con su supervisor, le anudaba el estómago y le dificultaba concentrarse en el trabajo.

Este es un ejemplo clásico de reacción al estrés del Tipo 2 que se produce por causa de la imaginación de las personas. En realidad, la nota que Craig había recibido pidiéndole ver a su supervisor no era lo que lo angustiaba; ¡lo angustiaban sus propios pensamientos! Se imaginaba lo peor en lugar de esperar lo mejor o por lo menos enfocar la reunión con una actitud de "esperemos a ver".

¿De qué forma habría sido diferente la vida de Craig si hubiera pensado más en el bien que hacía? ¿Si se hubiera dado cuenta de que el trabajo que hacía era sumamente importante para sus hijos y su esposa? ¿Qué sus clientes se beneficiaban de su experiencia y que tenía una oportunidad diaria para resolver problemas? Lo que Craig pensaba afectaba directamente la forma como se sentía. Desafortunadamente, Craig tendía a concentrarse en las posibilidades y aspectos negativos de la situación, haciendo caso omiso de lo positivo. Craig se decía a sí mismo que era mejor prepararse para lo peor; al concentrarse en eso, podía evitar la decepción. No obstante, esta forma de pensar se había vuelto tan habitual que él pensaba cosas negativas aun acerca de situaciones que no eran malas en absoluto. Por esta razón, regularmente dejaba pasar una tras otra las oportunidades de apreciar lo que hacía y cómo lo hacía.

Este último aspecto del aprecio por sí mismo pone de presente las cosas que hacemos bien. Es fácil recordar las cosas que no hacemos y/o los hábitos que nos causan dificultades. Nos vemos obligados a prestar atención si tenemos la costumbre de descuidar el pago de cuentas y por eso recibimos cartas de agencias de cobro. Nos vemos obligados a prestar atención si comemos demasiados dulces y el odontólogo nos encuentra caries. Pero es igualmente importante, si no más, ser sinceros acerca de nuestras destrezas y fortalezas. Esto no quiere decir que usted debería dejar que todo se le suba a la cabeza para andar por ahí pregonando lo maravillosamente bien que cocina, o afirmando que usted es un excelente contador. Simplemente significa apreciar regularmente, en el silencio de su corazón y de su mente, sus destrezas especiales; significa darse cuenta de que cada uno de nosotros es talentoso a su manera original.

Al igual que con el bien que hacemos, nuestras destrezas no tienen que ser grandes asuntos. Craig, por ejemplo, era un excelente entrenador de niños en las ligas menores. Si se recordaba a sí mismo que su coordinación era deficiente, se sentía desdichado. Si se recordaba cuán bien trabajaba con niños, se sentía satisfecho. Le pedimos que reflexionara regularmente acerca de lo bien que dirigía a los niños. Sabíamos que esto lo haría feliz y reduciría su estrés.

Sarah era una abuela fenomenal. ¿Qué se requiere para ser una buena abuela? Para Sarah las credenciales incluían tener paciencia y dar de su tiempo. Podía ver el mismo vídeo cuatro veces seguidas con su nieto de cinco años sin aburrirse. Podía sentarse en el piso con su nieta de tres años y jugar con juguetes hora tras hora.

¿Son acaso en sí mismas sobresalientes todas estas destrezas? ¿Son merecedoras de admiración? Sí, y nos aseguramos de que Sarah supiera que así opinábamos. Le pedimos que en la lista incluyera jugar con paciencia y cariño con sus nietos como una de sus muchas destrezas. Luego le sugerimos que se sintiera orgullosa de sus logros. Sí, ella era mayor que las personas con quienes trabajaba—pero para la mayoría de estas personas ver un vídeo tres veces sería aburrido como sería también falto de interés observar a un niño de tres años organizar los colores. Para Sarah no lo era. Estas destrezas eran un don único en este momento de su vida. Mientras más entendía el concepto, más feliz estaba y menos bajo estrés se sentía.

Una cosa es lavar la ropa y otra cosa es lavar bien la ropa. Una cosa es cocinar y otra cosa completamente diferente es cocinar con entrega y pasión. Una cosa es leer libros y otra cosa es haber leído todo lo que ha escrito un autor y poder sacar conclusiones acerca de sus escritos. Una cosa es ser propietario de una casa y otra cosa es ponerla hermosa. Todos hacemos bien algunas cosas. Es necesario para nuestra salud y felicidad que reconozcamos estas destrezas.

Por último, a veces no es suficiente sencillamente esforzarse. Muchas veces nuestra destreza radica en la perseverancia. A veces el simple acto de no dar es a la vez una destreza y una virtud. Podemos ser buenos para intentar, y si lo somos, debemos honrar ese esfuerzo. Darlene no era una gran pastelera, ¿pero acaso a sus hijos les importaba que los brownies no estuvieran perfectos? George no era un carpintero de talla mundial, pero ¿acaso a su hijo le importaba eso cuando George estaba siempre dispuesto a ayudar? Aun cuando George no sabía cómo arreglar algo, para su hijo él siempre era un héroe.

El propósito del aprecio propio es adquirir el hábito de encontrar cosas positivas para pensar de usted mismo. Las cosas positivas que usted hace están allí, listas para que las identifique. Recuerde las cosas buenas que hace, y reconózcalas. Recuerde lo bueno que hace y concédase un descanso del estrés. Recuerde lo bueno que hace y siéntase más feliz. ¡Se lo merece!

Ejercicio de DestrezaVital: Apréciese a sí mismo

Propósito

El propósito de esta DestrezaVital es . . .

- Darse cuenta de todas las cosas buenas que usted hace . . .
- Aprender a apreciar sus talentos y destrezas.
- Recordarse a sí mismo que usted trabaja duro y merece reconocimiento por ello.

Práctica

Reflexione sobre el día vivido:

1. Piense en una o dos cosas que usted hizo que sirvieron de algo o que usted hizo con habilidad.
2. Apréciese por sus talentos y su disposición de ayudar.
3. Dése cuenta de que ser bondadoso, ayudar y apoyar son todas elecciones positivas que usted hace.
4. Hay que hacer incluso las cosas pequeñas. Apréciese por no haberlas pasado por alto.

Consejos

- Es fácil olvidarnos de todo el bien que hacemos, como visitar a alguien que está enfermo, escuchar a un amigo, lavar la ropa, o preparar la cena.
- Muchas veces se nos critica por lo que hacemos mal en lugar de ser elogiados por las cosas que hacemos bien. Busque usted mismo sus virtudes si lo único que oye son quejas.
- Puede ser difícil para los demás reconocer que alguien hace las cosas bien o es bondadoso. A veces tiene que hacerlo por usted mismo.
- Recuerde que apreciarse a sí mismo no es igual a volverse arrogante.

Aplicación

Utilice esta DestrezaVital . . .

- Cuando se siente inferior en una reunión social o de negocios.
- Al final del día, si se está preguntando qué fue lo que logró.
- Cuando siente que sus habilidades no son apreciadas en el trabajo.
- Cuando sienta que otros ni lo notan.
- Cuando esté practicando su afición.
- Cuando esté cuidando a sus hijos.

DESTREZAVITAL "APRÉCIESE A SÍ MISMO":

Aprender a apreciar su propio valor y sus propias fortalezas no es un gusto superfluo: es darse cuenta con claridad de la originalidad de su carácter y de sus dones.

CAPÍTULO 9

Sonría Porque Ama

La mayoría de nuestros pacientes son buenos para contarnos qué no funciona en su vida. Al fin de cuentas es en general por causa de lo que no funciona que vienen a vernos. Es comprensible, las personas casi nunca asisten a clínicas para contarles a los médicos y a los psicoterapeutas lo bien que marcha su vida, lo bien que se sienten, o cuán pocas presiones tienen. Ahora vemos muy pocas personas que lleven vidas sin estrés. Casi todos nuestros pacientes nos cuentan historias de las presiones que tienen, las cuales ellos dan a entender son causadas por las tareas, el trabajo, las personas y las responsabilidades que componen su vida cotidiana.

Para nosotros y para nuestros pacientes, ambos elementos de la información son útiles. Es importante que ellos sepan qué no funciona en su vida (y que puedan articularlo) pero es igualmente importante que cumplan con sus responsabilidades y lo que se requiere de ellos. El problema es que casi todos nuestros pacientes se pierden de el poder que proviene de reconocer hasta qué punto lo que hacen se origina en que aman a su familia, sus amigos, y la comunidad, o porque tienen el deseo de mejorar el mundo. Como lo comentamos en capítulos anteriores, se pierden de una cantidad de demonstraciones del poder del aprecio y su gran potencial de crear salud y felicidad.

Los componentes concretos del aprecio que estos pacientes echan de menos son el amor y el cariño que soportan y motivan sus oficios y negocios cotidianos. Una de nuestras pacientes, Judy, tenía su lema personal: "Gracias a Dios es lunes." Se sentía tan abrumada por sus responsabilidades hogareñas que ansiaba que llegara el lunes, día que a la mayoría de las personas les da pavor. A las 8:00 A.M. los lunes podía salir de su casa y llegar a la oficina, donde había personas que apoyaban su trabajo, sus colegas (muchas veces hombres) que le traían café, programaban sus citas, y se aseguraban de que ella almorzara bien. En el trabajo sentía que los demás colaboraban con ella y le proporcionaban sustento, mientras que en casa operaba con el tanque vacío mientras que cuidaba a todos los integrantes del hogar. La DestrezaVital de sonreír porque ama benefició a Judy enormemente.

Judy no era consciente del hecho de que el trabajo que hacía en casa por su familia se originaba en su amor por su esposo y sus hijos. Estos fuertes sentimientos de amor y protección, si se traen a la superficie y se recuerdan, pueden proporcionar la energía necesaria para trabajar con denuedo, ser creativo, soportar las dificultades, y perseverar. El amor y el cuidado tienen ese efecto en todos. Cuidar a las personas que amamos requiere energía pero cuando podemos reconocer y poner en primer plano el amor que es nuestra verdadera motivación, nos conecta con el propósito más profundo y suaviza el estrés. Esta DestrezaVital funcionó en el caso de Judy, y puede funcionarle a usted. El poder del amor subyacente da significado al trabajo arduo y abre nuestros corazones a la bondad que tenemos dentro.

El hecho de que nuestros pacientes echen de menos el interés y el amor que soportan su esmerado trabajo es, creemos, una causa primordial de su infelicidad y su estrés. Aprender a reconocer lo bueno que hace cada uno de nosotros *debido a su amor*, es el corazón y el alma de esta DestrezaVital. Aprender a ver el cariño, el amor y el afecto que contienen nuestras acciones diarias y las acciones de los demás es un ingrediente crucial para producir nuestro desempeño óptimo. Regularmente sacudimos la cabeza cuando reflexionamos sobre cuán simple es esta DestrezaVital y a la vez cuán profundos sus beneficios. Cuando escuchamos a las personas como Sally, quien trabajaba duro para mantener unida a su familia, nos preguntamos, "¿Por qué no le enseñaron la simple destreza de sintonizar su propia bondad y entrega para amortiguar el estrés inevitable de su vida?"

En el Capítulo 8 le recordábamos la necesidad de apreciarse a sí mismo. Le pedíamos que se diera cuenta de las habilidades que tiene y que reconociera lo bueno que usted hace. Le sugeríamos que cada uno es un héroe de su propia vida y que muchas personas se benefician de sus acciones. Esta DestrezaVital construye a partir de lo que le hemos enseñado en el Capítulo 8 concentrándose en comprender que debajo de la ocupación y estrés de su vida hay una abundancia de intenciones amorosas que se dejan pasar sin notar y sin cultivar.

Tomemos por ejemplo a Sarah, a quien presentamos en el capítulo anterior. Amaba a su esposo lo suficiente para trabajar horario completo en un empleo para el cual se sentía demasiado mayor. Soportaba ser una o dos generaciones mayor que sus colegas. Amaba a su esposo lo suficiente para atender a sus necesidades y deseos mientras la salud de él iba en deterioro. ¿Acaso Sarah reconocía la profundidad de las emociones de amor y protección que respaldaban sus compromisos diarios? No. Se conectaba en cambio con el estrés de todo—y debido a eso, sufría más de la cuenta. Si bien el estrés estaba ciertamente presente, también estaban presentes una enorme cantidad de amor e interés.

Encontramos ejemplos de cariño y bondad prácticamente en todas las personas con quienes hablamos. Sin embargo también encontramos una falta correspondiente de aprecio por las motivaciones que respaldan los actos, lo cual da como resultado una sensación de sobrecarga y falta de propósito. En muchos de los casos que llegan a nuestra atención vemos evidencias de que las personas sufren de estrés y agotamiento porque pierden de vista su propia buena voluntad. En un sentido físico y metafórico, no llevan el amor a su corazón. No se benefician de la relajación que produce recordar su amor, y dejan pasar los beneficios para la salud y el impulso a la autoestima.

Por ejemplo, Jody era una enfermera de tiempo completo quien además de tener dos hijos, ayudaba a cuidar a su madre ya entrada en años. Vino a vernos porque tenía hipertensión y estaba agotada. ¿Por qué hacía tanto Jodi? ¿Por qué estaba tan atareada? En parte porque era una persona responsable y había mucho que hacer. Alguien debía pagar las cuentas y llevar a su madre al médico. Alguien debía asegurarse de que estuviera preparado el almuerzo de los niños y que la compra de víveres estuviera al día. Pero este análisis hace caso omiso a lo esencial del asunto: en el centro mismo de la historia de Jodi radica cuánto interés aportaba por el hecho de estar comprometida con el bienestar de su familia nuclear y extendida. Cuando se dio cuenta de que un inmenso amor era el fundamento de sus esfuerzos, sus sistemas cardiovasculares y nerviosos dieron un suspiro de alivio.

Janet era una madre sin pareja que luchaba por equilibrar las implacables exigencias de tiempo. Levantaba a sus hijos temprano y los acostaba tarde. En el intervalo tenía un empleo de tiempo completo, se encargaba de las diligencias para la familia, preparaba las comidas, lavaba la ropa, negociaba con su ex esposo, y trataba de permanecer despierta. Rara vez, por no decir nunca, se tomaba el tiempo para experimentar el poder del amor que les demonstraba a sus hijos. Ni tampoco contemplaba cuán intenso debía ser su amor ya que se manifestaba en la energía sin fin que ella entregaba por ellos. Janet pensaba que trabajaba tan arduamente porque tenía que hacerlo. Pero nosotros sabíamos algo que ella no sabía: sabíamos que trabajaba tan duro y se entregaba tanto, debido a su amor perdurable.

Edith era una abogada que trabajaba largas horas. Viajaba

mucho y llevaba una vida agitada y llena de actividades. La compañía para la cual trabajaba tenía que ver con litigios que podían ayudarles a muchas personas a recuperar dinero de corporaciones corruptas. Su trabajo requería de una enorme inteligencia e intensidad y Edith tenía ambas características en abundancia. Creía en lo que hacía, y su pasión era notoria. Desafortunadamente, también lo eran su agotamiento y su dolor. Edith no estaba conectada con la parte de sí misma que sentía tal interés por los demás que este la motivaba a trabajar para hacer del mundo un mejor lugar. Estaba perdida en los detalles, en la energía requerida, y en su agotamiento.

Cada una de estas mujeres era inteligente, trabajadora, decidida y todas estaban agotadas. Y cada una de ellas, en respuesta a su arduo trabajo y a su dedicación, experimentaba un estrés prolongado del Tipo 2. Aunque la respuesta al estrés es efectiva a corto plazo, como vimos anteriormente, es agotadora si se extiende demasiado tiempo. Las mujeres descritas anteriormente sentían que estaban sobre una banda sin fin, bailando a toda velocidad, sin descanso a la vista. No habían captado lo que constituía el corazón de su vida: un enorme interés, cariño y amor. No captaban la realidad central de su propia experiencia. Cuando pudieron desacelerar lo suficiente para hacerle un reconocimiento a su amoroso corazón, descubrieron que merecían paz y bienestar.

A continuación la forma en que le mostramos a Sarah la práctica de sonreir porque ama. Le pedimos que se sentara con la espalda recta y que tratara de sentir el amor que tenía por su esposo. Le pedimos que pensara en cuánto hacía por él como cuestión de rutina—como cocinar, hacer las compras, ir al trabajo, escucharlo hablar de sus molestias, hacer diligencias, y demás. Le pedimos que se diera cuenta de que, bajo todas estas obligaciones yacía una tremenda fuerza: la fuerza del amor, la fuerza del cariño y el interés. Le pedimos que se diera cuenta del papel tan importante que desempeñaba este profundo amor al levantarse en la mañana y dejar la cama. Luego, mientras pensaba en este amor, le pedimos que sonriera. Le dijimos que una sonrisa profundiza el poder de esta práctica y hace maravillas propias. Una vez que escuchó las instrucciones, todo el ejercicio tardó unos quince segundos y mucho antes del final de ese lapso, Sarah emitió un suspiro de alivio y agradecimiento.

Le pedimos que practicara regularmente durante el día y que observara qué efectos tenía esta DestrezaVital sobre su estrés. Le sugerimos que lo hiciera cuando estuviera enojada en el trabajo, sintiendo estrés por causa de un atasco en el tráfico, o en el teléfono sin poderse deshacer de un grosero representante de servicio al cliente. Le sugerimos que lo hiciera antes de pasar su puerta al llegar en la tarde. Le propusimos el reto de hacerlo con frecuencia e informarnos los resultados. Le recordamos el viejo adagio de que las mejores cosas de la vida son gratuitas. Una cara sonriente no cuesta nada, ni tampoco un corazón lleno—y ambos son de las mejores cosas que se pueden hacer por la salud.

Aprendimos sobre el poder curativo de la sonrisa con un paciente que tuvimos. Había leído acerca de los estudios que un investigador ruso hizo en un monasterio y sobre los excelentes resultados logrados con pacientes plagados de toda suerte de enfermedades degenerativas. Parte de la terapia que se utilizaba en el monasterio era la terapia de las sonrisas. A cada individuo, visitante o residente permanente por igual, se le solicitaba tener una buena postura y sonreír todo el tiempo. Tal cual, se les exigía sonreír—y era poderosamente efectivo. Ahora sabemos que agregar una sonrisa de aprecio genera felicidad y bienestar— estados positivos de la mente que las personas tienen literalmente (¡y de verdad literalmente!) debajo de las narices.

Una sonrisa es expresión de contento y alegría. Cuando se siente feliz, usted sonríe. Ninguna otra parte del cuerpo registra un cambio tan visible. Las investigaciones llevadas a cabo por el Dr. Paul Ekeman en la Escuela de medicina de la Universidad de California en San Francisco revelaron que sonreír queda registrado en la parte del cerebro llamada el hipotálamo donde se producen las endorfinas y donde se regulan muchas hormonas. Las endorfinas son opiáceos que se producen naturalmente y que alivian el dolor, producen una sensación de placer, paz y bienestar e incluso de euforia. Según los descubrimientos del Dr. Ekman, las sonrisas estimulan la producción de estas sustancias.

Sonría en este instante. Piense en el amor que usted da y sonría. Sostenga esa sonrisa durante unos diez segundos. Todas las personas a quienes les hemos pedido que hagan esto reportan sentirse mejor. En otras palabras, no solamente es cierto que usted sonríe cuando se siente feliz, ¡sino que se siente feliz cuando sonríe! Aparentemente no se puede tener el uno sin el otro. De modo que si quiere experimentar un momento de felicidad, sonría. Si le cuesta hacerlo por nada, piense en miembros de su familia y otros seres amados, y recuerde la última vez que los vio reír. Con esta imagen, usted sonreirá. Es alegría que viaja hacia el exterior. Ahora, si quiere que su alegría vaya hacia adentro, configure una sonrisa en su rostro. Se producirá enseguida un momento de buen sentimiento.

¿Alguna vez ha hecho una mueca cuando ve que alguien se golpea la rodilla o el codo? ¿Ha sonreído a un niño en respuesta a una sonrisa de éste? Resulta ser que esta respuesta de empatía es parte de la forma como están armados los circuitos del cerebro. Esto fue revelado por un nuevo estudio llevado a cabo por el Dr. Christian Keysers en la Universidad de Parma, en Italia. Él y sus colegas investigadores utilizaron una imagen de resonancia magnética para observar el cerebro de los sujetos del experimento mientras observaban películas cortas de personas que expresaban emociones positivas y negativas. En cada caso, positivo o negativo, la parte del cerebro de los sujetos que experimenta el placer y el dolor (la ínsula anterior) se encendían. Esa respuesta demostraba que las personas estaban sintiendo empatía con las personas de la película—es decir, compartiendo sus sentimientos. Si estamos todos conectados y las expresiones faciales de los demás influyen sobre nosotros . . . ¿qué otra razón más poderosa podría haber para sonreír?

Por favor entienda: no estamos sugiriendo que se pegue sobre la cara una sonrisa insincera de participante en un concurso de belleza. Por el contrario, estamos sugiriendo una sonrisa cálida y sincera. Si esto le resulta difícil, necesita practicar. Si necesita una razón para practicar, recuerde que su sonrisa le dará a alguien a quien usted ama y por quien se interesa un verdadero empuje de ánimo. Todo el mundo responde a una sonrisa. ¿Quiere disfrutar más a sus amigos? Sonría más. ¿Quiere tener más amigos? Sonría más. ¿Quiere llevarse mejor con su esposa, su esposo, sus hijos, y otros integrantes de la familia? Las sonrisas sinceras basadas en el amor lograrán el truco.

En la portada del número de 30 de junio del 2003 de la revista Newsweek, aparecía una pareja de casados, sentados en la cama. Él miraba su computadora portátil, ella comía helado y ambos tenían una expresión ceñuda. El titular decía, "Nada de sexo, por favor. Estamos casados." Dentro había un artículo central sobre por qué tantas parejas jóvenes casadas tienen vidas sexuales deficientes. Ofrecía como razón primordial el trabajo, los hijos, y el estrés, como si éstos fueran algo nuevo en la experiencia humana.

Una pregunta sobre la cual reflexionar: ¿la pareja aparece ceñuda porque tiene una vida sexual deficiente, o tiene una vida sexual deficiente porque fruncen el ceño? Si exhibieran sobre el rostro sonrisas cálidas y amorosas, el titular no tendría sentido. Las sonrisas no pueden crear amor donde no existe, desde luego, pero sí pueden cambiar la química del cerebro lo suficiente para que usted recuerde el amor que el estrés ha oscurecido. Una sonrisa en el rostro también crea una experiencia de seguridad en algún ser amado, ayudándole a esa persona a encontrar sentimientos buenos igualmente refundidos.

Siguiendo con esa idea, a continuación una forma más de recordarle a su cara que sonría. Cierre los ojos e imagine que usted es todo lo amoroso que quiere ser y todo lo amado que quiere ser. Visualice y sienta durante unos diez segundos el maravilloso estado de dar y de recibir todo el amor que usted quiere. Luego abra los ojos. ¿Sonrió? Claro que sí. Tiene que sonreír cuando siente amor y cuando se siente amado.

Jodi, Sally, Edith y todas las otras personas que han aprendido a sonreír porque aman llegaron a comprender hasta qué punto el amor era el tejido de soporte de su arduo trabajo. En última instancia, cada una pudo demostrar su amor a través de una sonrisa. Les enseñamos a reconocer, notar y sentir el amor y cariño que ya tenían. Les enseñamos a todas estas mujeres a sonreír a la vez que recordaban sus sentimientos de amor. Como lo mencionábamos en capítulos anteriores, la relajación que se produce a partir de cualquiera de nuestros ejercicios tarda unos diez segundos en hacer efecto. Aún cuando los resultados son veloces, son profundos. De hecho, mediante la práctica, tienen la capacidad de modificar su vida. Cada una de estas mujeres era testimonio del poder de esta práctica simple y de las emociones positivas que sentían regularmente. Cada una de estas mujeres cambió para bien.

Antes de terminar la discusión de esta DestrezaVital existe un beneficio adicional de sonreír porque ama y que queremos resaltar. Recordar qué es lo que amamos nos conecta con un profundo sentido de propósito. Tantos de nosotros nos sentimos perdidos porque nuestra vida carece de propósito y de significado. Edith estaba perdida en los detalles de su exigente trabajo y no lograba seguirle la pista a por qué era que ella trabajaba tan duro. Estaba tan abrumada con el moler diario de la rueda que había perdido su propósito. Su meta se había convertido simplemente en irse a la cama a una hora razonable.

Edith iba a trabajar todos los días para ayudarles a personas que no podían defenderse a sí mismas. No iba a trabajar solamente para escribir resúmenes legales, como tampoco iba Sarah a trabajar para calificar tareas. Su propósito era hacer el bien y ayudar a otros, y sus acciones reflejaban esa meta. Vivían un propósito que habían perdido de vista. Tan solo cuando se reconectaron con su profunda reserva de amor y de cariño lograron ver que el barco de su vida iba por el rumbo correcto. Edith era incapaz de ver el bosque por causa de los árboles hasta que recordó que el cariño y la protección eran la fuerza que la motivaba.

Queremos dejarlo con una advertencia. El hecho de que esté lleno de amor y de cariño y que su propósito sea noble no significa que deba permanecer en situaciones difíciles o de maltrato. Recordar el amor no es un substituto de protegerse a sí mismo de daño o de impedir que las personas sean crueles. Nada en este capítulo dice que el amor signifique que deba permanecer en una situación por mal que lo traten. A veces tiene que buscar ayuda profesional con sus problemas, y a veces las situaciones abusivas exigen que usted acuda a la policía. En situaciones menos extremas, sin embargo, una sonrisa de amor regularmente practicada aumentará su felicidad, mejorará su salud y lo encaminará hacia una vida pacífica y saludable.

Ejercicio de DestrezaVital:
Sonría Porque Ama

Propósito

El propósito de este DestrezaVital es . . .

- Reflexionar acerca de las razones positivas por las cuales usted hace la mayor parte de las cosas en la vida.
- Recordarse que ama a las personas y demostrarlo.
- Darse cuenta del valor que tienen las tareas, incluso las más mundanas.
- Recordar la razón amorosa que respalda todo el bien que usted hace.

Práctica

Reflexiones sobre su día:

1. Respire dos veces lenta y profundamente.
2. Piense en algunas tareas u oficios que desempeñó hoy.
3. Pregúntese por qué lo hizo.
4. Cuando recuerde que las hizo porque ama, sonría.
5. Piense en cuánto ama a las personas por quienes usted hace las cosas, y sonría.
6. Sienta su experiencia de amor y protección y permítale llenar de calidez la zona que rodea su corazón—y sonría de nuevo.

Consejos

- Recuerde que muchas veces hacemos cosas porque queremos ayudar.
- Recuerde cuanto cariño le tiene a la gente que lo rodea.
- Recuerde cuánto les ayuda usted.
- Piense en cuánto sería extrañado lo que usted hace si dejara de hacerlo.
- Sonría siempre que pueda cuando desee un impulso anímico.
- Sonriales a las personas y será mucho más probable que ellas le sonrían a usted.

Aplicación

Utilice esta DestrezaVital . . .

- Cuando se sienta desanimado.
- Cuando se sienta agobiado por el exceso de trabajo.
- Cuando esté haciendo asuntos de rutina como lavando o cocinando o cortando el césped.
- Cuando se sienta rendido y desanimado.
- Cuando le estén tomando una foto.

DESTREZAVITAL "SONRÍA PORQUE AMA":

Cuando sonríe, su cuerpo y su mente pasan a un estado curativo de paz y bienestar—así que ame, y luego sonría.

CAPÍTULO 10

Deje de Hacer lo que No Funciona

Jack es un paciente típico. A los cuarenta y seis años, hizo su primera consulta en la Clínica de Cardiología Preventiva de Stanford. Era sociable y cálido y no estaba seguro de por qué lo habían enviado a consulta con dos psicólogos médicos. Hablamos de la conexión entre la mente y el cuerpo y le explicamos que esperábamos poder mejorar el panorama general de su salud reduciendo el nivel de estrés.

Jack llevaba diez años de esfuerzos por controlar la diabetes y le habían dicho recientemente que tenía también una arritmia atrial. Su médico le había mencionado a menudo que el estrés podía exacerbar la diabetes, y ahora se preguntaba si también la arritmia tenía que ver con el estrés. Jack se había quejado durante años del alto nivel de estrés en su vida: tenía un trabajo extremadamente exigente y un matrimonio problemático. Era claro que amaba a su esposa y que se colaboraban bien en su vida atareada. No obstante, ambos estaban tan agotados y bajo tanto estrés que su relación estaba sufriendo y con el paso del tiempo cada vez eran menos bondadosos el uno con el otro.

En los diez años desde que a Jack le habían diagnosticado la diabetes, nunca había encontrado el tiempo para tomar una clase de manejo del estrés, a pesar de las recomendaciones reiteradas del médico. No se había molestado en desarrollar mejores hábitos alimenticios o de ejercicio, lo cual dificultaba el control de su diabetes. Jack concebía cuidarse a sí mismo como algo que tomaba un último lugar después del trabajo, los oficios, las responsabilidades, la familia y los amigos.

Jack era propietario de una granja en Central Valley, California y trabajaba horas dolorosamente largas. Para él, su trabajo constituía un reto, era algo difícil y absorbente. No tenía quejas acerca del tipo de trabajo que hacía—era bueno para administrar la granja y disfrutaba del trabajo manual—pero resentía el estrés que lo acompañaba.

Jack tenía tres hijos y llevaba diecisiete años de matrimonio. Entre ellos y unos cuantos empleados hacían todo el trabajo de la granja. El estrés de Jack surgía de la longitud de los días laborales, la vulnerabilidad de sus cultivos a los cambios climáticos, la demanda decreciente de los productos que él sembraba, la dificultad para retener buenos empleados, y la necesidad de cosechar en un tiempo breve y particular del año (a veces en condiciones muy difíciles). Su salud también le generaba estrés. Estaba frustrado por los efectos secundarios de ciertos medicamentos y por las exhortaciones del médico a hacer algo en cuanto a su salud sin decirle exactamente cómo implementar esos cambios.

Jack nos contó que sus problemas laborales eran parte inhe-

rente del trabajo de granja. Que el clima siempre era una varia-
ble importante, que los empleados se marchaban y había que re-
emplazarlos, que los cultivos cada vez tenían menos clientela, y
que se trabajaba largas horas, todo se daba por descontado. Esto
significaba que los factores que le producían el estrés eran constantes: no iban a cambiar. Jack no tenía control sobre el clima,
ni sobre la demanda por lo que sembraba, o sobre las vidas cambiantes de sus empleados. Estas fuentes permanentes de estrés a
largo plazo eran las detonadoras clásicas de la destructiva respuesta al estrés del Tipo 2. De hecho, muchos de los factores
causantes de estrés eran iguales a aquellos que habían enfrentado su padre y su abuelo, antes que él, cuando administraban la
granja. El problema, entonces, no eran los factores causantes
de estrés, que eran inmutables: el problema era el hecho de que
Jack hacía poco o nada para manejar su estrés.

Entendimos que no era mucho lo que Jack podía hacer para
alterar la naturaleza de su negocio, pero nos preguntábamos por
qué no cambiaba algunas de las formas de manejo de su granja.
No podía incidir sobre la cantidad de lluvia en cada estación,
pero sí podía cambiar sus hábitos y comportamientos para manejar mejor el nivel intenso de estrés. Sabíamos que podríamos
ayudarle a Jack si lográbamos que hablara más acerca de los
comportamientos que elegía y menos acerca de las exigencias
de su lugar de trabajo. La pregunta básica que le hicimos a Jack
fue, "Bien, nos damos cuenta de que es duro. Ahora bien, ¿qué
está haciendo para cuidarse?"

La respuesta inicial de Jack fue que no tenía tiempo de

hacer ejercicio en forma regular. Dijo que estaba demasiado ocupado y que no tenía tiempo para correr, caminar, nadar o montar en bicicleta regularmente. Desde luego que el trabajo en la granja implicaba hacer ejercicio, pero no lo suficiente para mantener su peso por debajo de 200 libras. Comía lo que le apetecía, resistiéndose a los ruegos incesantes de su esposa para que bajara de peso. Le gustaba comer carne todos los días y comía vegetales casi obligado. Le encantaban los postres y siempre repetía dos, si no tres veces. Jack sentía que ya estaba bajo una disciplina lo suficientemente espartana en el trabajo; no quería llegar a casa a cuidar lo que comía o a regular su ejercicio.

Cuando le preguntamos qué hacía para manejar su estrés, nos respondió que esperaba con ilusión la hora de la cena y la oportunidad de ver televisión con sus hijos. Dijo que se "desahogaba" hablando con su esposa. De vez en cuando, agregó, sacaba al perro a pasear en las noches, lo cual le resultaba relajante. Si bien es poco probable que la falta de disciplina de Jack fuera la causa de su diabetes o de su arritmia, ciertamente sus excesos con la comida, la falta de ejercicio y el mínimo manejo del estrés no mejoraban esas condiciones médicas. Al comer mal, no hacer ejercicio y no moderar su ingestión de alimentos, Jack dejaba pasar las mejores posibilidades de limitar el daño que la enfermedad le ocasionaba a su bienestar. Sus habilidades para el manejo del estrés eran tan pobres que el estrés continuaría siendo un problema para él a menos que desarrollara mejores estrategias.

Le hicimos a Jack la observación de que al parecer su táctica primaria de manejo del estrés parecía ser quejarse. Lo habíamos oído quejarse de esto y lo otro—el clima, los cultivos, los empleados, los hijos y la competencia. Lo habíamos oído quejarse de su esposa y las exigencias de ser padre. Entonces le presentamos a Jack la situación de la siguiente forma: "Usted es un hombre enfermo. Padece dos enfermedades crónicas que pueden agravarse y que seguramente agravarán. Si bien es poco probable que sea su forma de vida la que haya causado las enfermedades, cambiar de estilo de vida podría ayudarle a manejar su enfermedad y a mejorar su salud. Tiene ciertas decisiones importantes que tomar en cuando a estilo de vida."

Hicimos énfasis en que si quería mejorar su salud, tenía que dejar de quejarse. Para poder optimizar las probabilidades de conocer a sus nietos, tenía que desarrollar un enfoque de manejo del estrés con más dientes que la queja y la autocompasión. Le presentamos a Jack la DestrezaVital de suspender lo que no funciona. Esta DestrezaVital se basa en una premisa simple: quizás Jack no sepa siempre qué debe hacer para que todas y cada una de las situaciones de su vida sean perfectas, pero hay unas cuantas cosas que puede ensayar.

En un contexto más amplio, nadie sabe a ciencia cierta qué funciona para que su vida ruede sin tropiezos, pero sí podemos probar cosas y aprender. Posiblemente en un determinado momento quizás no sepamos cómo administrar nuestra vida de manera perfecta, pero podemos evaluar nuestras acciones para dejar de incurrir en aquellas que no funcionan. Posiblemente Jack no supiera cómo influir sobre el clima; quizás no contara con toda la información necesaria para comer bien o ignorara cómo manejar mejor su tiempo para lograr acomodar el ejercicio en su día. Estas cosas eran mucho menos cruciales, no obstante, que una disposición sincera a cambiar los hábitos que no funcionaban. El repertorio de manejo de Jack carecía de una disposición a evaluar lo que estaba haciendo y a comprometerse a dejar de hacer aquello que no le servía.

Otra cosa que faltaba era una comprensión de que siempre y cuando estuviera haciendo cosas que no contribuían a su vida, nunca aprendería cuáles eran aquellas que *sí funcionarían*. Es decir, siempre y cuando siguiera comiendo demasiado postre, comiera carne roja todos los días, y en general se excediera en alimentación, no tenía esperanzas de mejorar su salud mediante un cambio nutricional. Siempre y cuando siguiera viendo televisión todas las noches y fuera en auto hasta el supermercado, sus probabilidades de perder peso eran escasas. Siempre y cuando se quejara del estrés de su trabajo en lugar de practicar DestrezasVitales esenciales, tenía cero probabilidades de sentirse feliz y en paz.

Nuestro mensaje directo para Jack, y para *cada uno* de nuestros pacientes, es este: "¡Usted puede modificar la forma como responde a las experiencias difíciles!" En el caso de algunas personas enfermas, la necesidad de cambiar de hábitos se impone; si no actúan, se agravarán y seguramente morirán. La DestrezaVital de dejar de hacer lo que no funciona asume que ciertas cosas en la vida serán problemáticas y formula la pregunta, ¿cómo respondemos para que la vida sea mejor o peor? Si lo que hacemos empeora la experiencia, entonces el primer paso, y un paso *necesario*, es suspender todas y cada una de las acciones que no ayudan; tenemos que dejar de hacer lo que no funciona. Es tan solo cuando suspendemos esas acciones que *no funcionan* que se nos ocurren algunas que *quizás funcionen*.

Esta destreza vital nos recuerda que tenemos más control del que creíamos sobre las soluciones a nuestros problemas. El uso de este control tiene todo que ver con tomar mejores y más sensatas decisiones. Ejercer un control positivo es el centro mismo del Programa Sin Estrés. Una vez que Jack comprendió y aceptó ese concepto, se sintió con el poder necesario para optar por las cosas más positivas en sus actividades cotidianas.

Esta DestrezaVital requiere perseverancia. Las personas tienen que seguir practicando para poder fortalecer su capacidad de responder de una manera nueva y más positiva. Jack tuvo que elegir prestar atención a lo que estaba haciendo y preguntarse qué le funcionaba bien. Cuando se enfrentó a la abrumadora circunstancia del bombardeo de Londres durante la Segunda Guerra Mundial, Winston Churchill sentenció, "Nunca darse por vencido, nunca darse por vencido, nunca, nunca, nunca, nunca—en nada, grande o pequeño, enorme o insignificante—nunca darse por vencido excepto por convicciones de honor y sensatez."

Esta DestrezaVital lleva al frente y al centro al enfoque en las soluciones, no en los problemas. Este énfasis es crucialmente importante. Con demasiada frecuencia los individuos se pierden a tal punto en el problema que se olvidan de las soluciones potenciales. Tomemos por ejemplo a Sandy, una abuela que ayudaba a cuidar a sus nietos. Sentía cierto resentimiento hacia sus hijos y manejaba ese resentimiento con actitudes de mártir y de mal genio. Esta era una respuesta inconsciente. Hasta que se lo hicimos notar, no se daba cuenta que el mal genio no era una solución a su problema con sus hijos. En cuanto a soluciones se refiere, era un fracaso: el mal genio no resolvía los problemas de Sandy con sus hijos ni le traía felicidad. Le sugerimos que dejara el mal genio y probara otra cosa, es decir, que dejara de hacer lo que no funciona.

Una vez que Sandy reconoció que su solución era deficiente y dejó de usarla, descubrió que había una serie de buenas soluciones disponibles. Una mejor solución era aprender a hablarles a sus hijos de manera más firme. Otra solución era practicar la respiración abdominal para calmarse. Una tercera consistía en enganchar la ayuda de su esposo en el cuidado de los niños. Son innumerables los casos de personas que como Jack y Sandy están preocupadas por un asunto de salud, de trabajo o del hogar que olvidan cuánta flexibilidad tienen. Se pierden a tal punto en sus problemas que olvidan el poder de probar diferentes soluciones hasta encontrar la que funciona. Continúan poniendo en práctica lo que no funciona y culpan al problema de su continua infelicidad y su constante estrés en lugar de ver que sus respuestas podrían ser mejores.

Puesto que como primer paso ni siquiera reconocen sus opciones, nunca llegan a evaluar la efectividad de sus estrategias de manejo. Las personas como Jack siguen incurriendo en los mismos comportamientos destructivos una y otra vez, lo cual no resuelve el problema. Jack seguía comiendo en exceso, por ejemplo, cuando claramente ese actuar no era provechoso en absoluto para su salud ni para su estrés. Seguía demasiado ocupado para hacer ejercicio cuando el ejercicio regular podía incidir para bien en su diabetes. Padecía de estrés crónico y sin embargo su respuesta seguía siendo la queja. Seguía utilizando estrategias que no funcionaban, y se preguntaba por qué su salud y su vida sufrían. Jack quedó asombrado cuando le preguntamos si sus soluciones funcionaban, porque no se le había ocurrido que sus decisiones podían ser una búsqueda de soluciones. Cuando le preguntamos si los postres adicionales servían para curar su diabetes, se rió, reconociendo el absurdo.

Hemos utilizado esta Destreza Vital a menudo y la hemos visto obrar maravillas en la vida de muchos de los pacientes. A algunos pacientes se las hemos ofrecido como una herramienta para pararse sobre sus propios pies. Muchas veces, sin embargo, dejar de hacer lo que no funciona es la puerta de entrada a otras Destrezas Vitales, como la respiración abdominal y la visualización del éxito.

Rebecca era ejecutiva de una compañía importante de servicios financieros. Era vicepresidente y tenía a cargo suyo a doscientos empleados. El motivo de consulta eran problemas cardiacos que se habían agravado debido a la caída de los mercados financieros. Por primera vez en su exitosa carrera se enfrentaba a un revés de negocios y se sentía defraudada de sus capacidades. Esto le produjo angina e hipertensión.

Desde que había empezado la caída de la bolsa en el 2000, el grupo de Rebecca había tenido un desempeño deficiente; las ventas habían caído casi el 20 por ciento, y las utilidades aun más. Siendo una persona competitiva, Rebecca se tomaba personalmente el revés en los negocios. Por ende, duplicaba sus esfuerzos y presionaba más a su gente. Mientras que eso lograba escaso aumento en las ventas del grupo tenía además la desventaja de alejarse de sus empleados, haciéndola sentir enojada y tensa. Cuando indagamos sobre su manejo del estrés, Rebecca nos dijo que aunque estaba demasiado ocupada para meditar— que ella pensaba sería algo provechoso—iba al gimnasio tres veces a la semana y contaba con una buena red de apoyo.

Rebecca experimentaba los efectos de una forma particular de estrés conocida como agotamiento laboral cuyas consecuencias pueden ser letales. El agotamiento laboral se da cuando la persona se siente agobiada en el trabajo, tal como le ocurría a Rebecca (y a muchos de nuestros clientes). Rebecca empezó a perder la capacidad de administrar efectivamente las exigencias del trabajo, lo cual la hacía sentir víctima de su carga laboral. Sabemos, a raíz de nuestras investigaciones con ejecutivos de Bank of America, y a partir del trabajo del Dr. Redford Williams (cardiólogo de la Escuela de medicina de la Universidad de Duke) que el agotamiento laboral genera ira, depresión, hostilidad, ansiedad y aislamiento. Puede producir hipertensión y un agrandamiento del ventrículo izquierdo del corazón. Todas las consecuencias del agotamiento laboral constituyen un riesgo importante de enfermedades del corazón e incluso de ataque al corazón. Rebecca viajaba por ese camino a una buena velocidad y tuvo suerte de encontrarnos.

Al escucharla descubrimos que Rebecca utilizaba la comida de consuelo como su principal herramienta de manejo del estrés. Llegaba a casa después del trabajo y soltaba su tensión comiendo algo delicioso. Camino a casa planeaba cuál sería su menú esa noche. A menudo llamaba a su esposo para hablar sobre cuál plato especial cenarían esa noche. Los alimentos que escogían eran muchas veces costosos y/o engordadores y muchas veces requerían de una compleja preparación. Si bien le daban a Rebecca una cierta sensación de consuelo, no le proporcionaban estrategias reales para manejar el estrés y los problemas en el trabajo.

Al igual que mucha gente, Rebecca utilizaba la comida para manejar emociones dolorosas. Pasaba buena parte de su tiempo libre leyendo sobre comida y consideraba el gusto que se daba todos los días como la parte sobresaliente de su jornada. Le encantaba comer y sentía que tenía derecho a las sensaciones agradables que le proporcionaba la comida. Si bien la comida es un placer maravilloso, Rebecca la utilizaba en reemplazo de otras estrategias más exitosas de consuelo y manejo del estrés. Otras personas utilizan el alcohol o el cigarrillo para alcanzar las mismas metas. La comida y la bebida son regalos maravillosos, se cuentan entre los auténticos deleites de la vida, pero son una manera ineficaz de administrar una vida bajo estrés.

Cuando establecimos que la solución preferida de Rebecca al problema del revés en los negocios era enfocarse en los alimentos, le preguntamos si esta solución resolvía su problema. Al igual que Jack, ella no había considerado este comportamiento como un intento de solución, pero después de pensarlo unos instantes dijo que la comida no le ayudaba; en realidad no la tranquilizaba ni le ayudaba a desempeñarse mejor de cara al estrés. Además, comer nunca ha producido pensamientos creativos en los negocios.

Le dijimos que las dos pruebas de cualquier solución potencial deberían ser:

1. ¿La solución (en su caso presente, comer alimentos sabrosos o engordadores) la hacía sentir más en paz o más en control de su vida?
2. ¿La solución sí está orientada de verdad al problema en cuestión?

Cuando a Rebecca le quedó claro que su solución de comer no contribuía de forma alguna importante a su situación, le preguntamos si estaba dispuesta a probar otra cosa. Le recordamos que siempre y cuando se apoyara en la comida sus problemas no desaparecerían, ni tampoco ella adquiriría una perspectiva diferente. Le hicimos notar que mientras se estuviera apoyando en la comida era poco probable que otras soluciones, seguramente mejores, fueran implementadas. Estuvo de acuerdo en que era una tontería seguirse apoyando en estrategias que se sabía que no eran efectivas.

Siendo una mujer recursiva y valiente, Rebecca optó por

dejar de hacer lo que no funcionaba y por probar otras alterna- tivas. Habiendo reconocido que sus hábitos de alimentación no funcionaban, y que de hecho le estaban ocasionando problemas adicionales, aprendió a apreciar muchas de las cosas en su vida, incluyéndose a sí misma. También aprendió a utilizar la comida como un premio ocasional en lugar de constituirla en un gusto de todos los días.

Admiramos a Rebecca por su esfuerzo y su disposición a cambiar. Nos regaló una frase célebre que ahora le pasamos a usted. Nos dijo que siempre que tenía la tentación de regresar a sus viejas costumbres, se recordaba a sí misma, "Algo que no funcionó las primeras 100 veces, seguramente no funcionará en la repetición 101."

Ejercicio de DestrezaVital:
Deje De Hacer Lo Que No Funciona

Propósito

El propósito de esta DestrezaVital es . . .

- Aprender a reconocer cuándo no funciona lo que usted está haciendo y dejar de hacerlo.
- Aprender a probar nuevas estrategias que quizás tengan mejores resultados.

Práctica

Cuando se enfrente a un reto difícil:

1. Traslade totalmente su atención a su abdomen.
2. Inhale por lo menos dos veces lentamente y suelte nuevamente el aire desde el abdomen.
3. Luego llene su mente con la imagen de alguien que ame.
4. Retenga los sentimientos postivos que surgen en la zona que circunda su corazón.
5. Cuando esté sereno, pregúntese si la forma como ha manejado hasta ahora el problema ha funcionado.
6. Si la respuesta es no, pídale una nueva solución a la parte relajada de su cuerpo.

Consejos

- Sentir estrés no es su mayor problema; es su frustración acerca de no saber qué resolvería su dificultad.
- Nunca sabrá cuáles soluciones funcionan si sigue repitiendo las que no funcionan.
- Tenga paciencia: puede tardar un tiempo descubrir qué es lo que sí funciona.
- Sufrir de estrés una y otra vez lo hace sentir impotente.
- Las soluciones que no funcionan agregan un problema—una mala solución—al problema inicial causado por la situación difícil.

Aplicación

Utilice esta DestrezaVital . . .

- Cuando sienta frustración.
- Cuando sienta que ha probado todo.
- Cuando esté aburrido con su vida.
- Cuando las personas le digan que debe cambiar.
- Cuando se esté juzgando duramente y tildándose de fracaso.
- Cuando tenga un mal hábito.

DESTREZAVITAL "DEJE DE HACER LO QUE NO FUNCIONA":

Cuando lo que usted está haciendo no funciona, cálmese y busque otra solución.

CAPÍTULO 11

Simplemente Diga No

La frase "Simplemente Diga No" fue introducida en los años 80 como una admonición para resistirse al consumo de drogas ilegales. Si bien el eslogan resultó ser demasiado simplista para enfrentar el consumo de drogas en los Estados Unidos, la necesidad de resistirse a comportamientos destructivos sigue siendo crítico para vivir una vida saludable y feliz. Las personas necesitan ser capaces de elegir lo que quieren hacer, lo cual implica rechazar aquello que no quieren hacer. Cuando actúan de formas que van contra lo que piensan, sienten, o quieren hacer, muchas veces el resultado es estrés y enfermedad. Una enorme proporción de nuestros pacientes está atrapada en situaciones simples de las cuales quiere salir pero de las cuales no logra salir, porque no sabe cómo decir no.

Sally le ayudaba a su cuñado, Stan, cada semana y cada semana detestaba hacerlo. Detestaba hacerlo, pero cada vez decía sí de todos modos, prestándose a que él dejara sus hijos en casa de ella durante el día. Alice, su hermana, estaba casada con un tipo que prefería no cuidar a los niños en su día libre, y ella se sentía impotente enfrentada a su falta de interés. Stan trabajaba para la oficina de correos y tenía los viernes libres. Los sábados, cuando sí trabajaba, Alice generalmente iba a casa de Sally y cuidaban juntas a los niños de las dos. Para Sally *esto* era motivo de ilusión. Pero sin falta, todos los viernes en la mañana Sally recibía una llamada de Stan, quien la saludaba, hablaba de banalidades y luego le recordaba a Sally cuánto se divertían los hijos de ambos cuando estaban juntos. Puesto que los niños se entendían tan bien, decía, ¿podría dejarlos en casa de ella mientras que él hacía algunas diligencias? Sally amaba a los dos hijos de Stan, y su hermana era su mejor amiga en el mundo. Haría lo que fuera por ayudarles—pero no todos los viernes. Sin embargo, sencillamente no lograba decir no.

Helene trabajaba para una gran compañía de computadoras en Silicon Valley. Era directora de mercadeo y muy exitosa en ese papel. No obstante, los clientes le pedían favores constantemente y ella no era capaz de decir que no a cualquier pedido razonable. De modo que le consiguió a un cliente los boletos para un partido de béisbol, a otro le respondía oyéndole sus problemas maritales, a otro lo ayudaba permitiéndole que alguien de su compañía la siguiera en su trabajo, e incluso investigaba información de ventas para otro. En cada caso, era trabajo que podría haber hecho alguien del equipo de trabajo de los mismos clientes, pero las personas sabían que siempre podían contar con que Helene hiciera por ellos un esfuerzo adicional. Si bien Helene era una persona generosa y amable, sentía que se aprovechaban de ella y detestaba ese sentimiento. Pero no lograba decir que no.

A Donna le costaba trabajo decirle que no a su esposo cuando él quería tener relaciones sexuales con ella. Donna y Sam llevaban once años de casados, y tenían dos hijos. Su matrimonio funcionaba bastante bien en general; gustaban de sí mutuamente y colaboraban en la crianza de los hijos. Pero Donna se sentía disgustada por su vida sexual y no sabía cómo mencionárselo a su esposo. Cuando Donna y Sam empezaron a dormir juntos, Sam se enojaba siempre que Donna no estaba de ánimo para tener relaciones sexuales. Ella no podía negarse a sus acercamientos sin que él actuara como si lo estuvieran castigando injustamente. Con el tiempo Donna se dio por vencida y se resignó a tener relaciones siempre que Sam quisiera. La única ocasión en que ella decía que no era cuando había posibilidades de que sus hijos los vieran o los oyeran. Por lo demás, en cuanto a sexo, él era el líder. Donna amaba a su marido pero vivía a disgusto con su dominio sobre la vida sexual de ambos. Sencillamente no lograba decir no.

Cuando decimos sí, pero en realidad lo que pensamos es no, es una situación análoga a conducir un auto con un pie en el acelerador y otro en el freno. Este conflicto entre lo que decimos y hacemos versus lo que en realidad queremos decir y hacer crea una división entre la mente y el cuerpo. Que este tipo de división ocasiona estrés fue notado por Freud y ha sido comprobado por investigaciones recientes.

Una caricatura de Charles Schultz representa con acierto esta división. Charlie Brown está sentado en el suelo al lado de su pelota de fútbol americano después de fallar en un *touchdown* porque le faltó habilidad. Le dice a Lucy, "Mi mente y mi cuerpo se odian el uno al otro." Este es un ejemplo del estrés que resulta de pensar sí, pero decir no. No puede haber un desempeño óptimo a menos que la mente y el cuerpo estén en armonía; a menos que decir sí signifique sí y decir no signifique no.

Cuando uno inhibe sus verdaderos pensamientos, sentimientos y acciones, esto inicia una respuesta física que resulta en un estrés del Tipo 2. Bajo un estrés de este estilo, el sistema inmune no funciona adecuadamente y hay un aumento en el cuerpo de las hormonas del estrés, como el cortisol. Al otro extremo, cuando uno reconoce sus verdaderos pensamientos y sentimientos, los expresa y actúa según estos, la congruencia resultante produce beneficios positivos de igual peso. Lord Chesterfield expresaba esta conexión íntima entre la mente y el cuerpo con estas palabras: "Encuentro, con base en la experiencia, que la mente y el cuerpo están más que casados, porque están muy íntimamente unidos; y cuando el uno sufre, el otro se identifica con ese sufrimiento."

Esta DestrezaVital de decir que no les recuerda a nuestros pacientes dos cosas que se olvidan fácilmente. En primer lugar, la tierra no se saldrá de órbita si se niegan a una petición. Donna puede decir que no si no quiere tener relaciones sexuales, y su esposo sobrevivirá. Helene puede decir que no si no quiere hacer un esfuerzo adicional por cada cliente, y de todos modos sería competente en su trabajo (aunque si su *mayor* cliente le pide un favor, y se está negociando un acuerdo de grandes dimensiones, quizás deba esperar un poco antes de emprender la búsqueda de la firmeza). Igualmente, Sally puede decirle no a su cuñado y saber que no será el fin del mundo si le toca a él cuidar a sus propios hijos en su día libre.

Lo segundo que esta DestrezaVital nos recuerda es que algunas formas de decir que no funcionan mejor que otras. Ser firme significa aprender a decir que no y a expresar sus necesidades y sentimientos *sin* pisotear los sentimientos de los demás. Si no quería cuidarle los hijos, Sally no tenía que gritarle a Stan que era un atrevido desconsiderado. Donna no tenía que decirle a Sam que lo detestaba si él hacía mala cara porque ella no estaba de ánimo. Helene podía decirle a un cliente que no podía hacer lo que le pedía sin darle a entender al cliente que era un cerdo por pedirlo. Cada una de estas mujeres tenía que aprender a decir que no y desarrollar algunas estrategias simples para lograrlo. Los beneficios de simplemente decir no son enormes, según lo descubrió cada una de estas mujeres; muchas situaciones estresantes pueden ser evitadas o minimizadas. Como lo descubrieron Sally, Donna y Helene, cuando carecemos de firmeza, atraemos como resultado exigencias indeseadas y un aumento del estrés.

Muchas personas con quienes trabajamos tienen dificultades para ser firmes con ciertas personas o en ciertas circunstancias. Por ejemplo, a Joan le resulta poco menos que imposible negarse a asistir cuando la invitan a una fiesta, aunque definitivamente no quiera ir. El resultado: o va y sufre de estrés antes, durante y después de la fiesta, o se inventa una excusa de última hora y se siente culpable o preocupada pensando que a lo mejor le ha hecho un daño a la amistad. Jack no puede decirle a su jefe las cosas como son cuando ella le pasa una tarea con una fecha de entrega imposible. El resultado: Jack se siente estresado y sobrecargado por su volumen de trabajo, siente rabia por la injusticia de la situación y se preocupa por lo que dirá el jefe si no entrega el trabajo a tiempo.

Prácticamente cualquier situación puede conducir al estrés si uno no expresa su opinión con claridad. Tanto situaciones de trabajo como las relaciones personales se deterioran si uno se muerde la lengua. Negarse consistentemente la posibilidad de expresar sus pensamientos y sentimientos puede ser tan destructivo para el cuerpo como para la mente. En psicoterapia a esto se le denomina *supresión*, y puede ser muy perjudicial, según lo advertía el Dr. William Boyd, un médico del siglo dieciocho: "La pena que no se desahoga en lágrimas puede hacer llorar a otros órganos."

La falta de sinceridad en cuanto a nuestras necesidades y deseos afecta por igual a los pacientes y a los médicos. Jerome, un terapeuta conocido nuestro, tuvo una cliente de nombre Jackie que siempre quería la cita de las 6:00 p.m. Jackie asistía dos veces por semana y siempre tenía imprevistos de carácter urgente. Cada vez se trataba de una mini crisis, exigía que la recibiera ese mismo día—pero el único tiempo que tenía era la hora de la cena, la cual era las 6:00 p.m. Para Jerome esta hora era su hora de *llegar a casa*. Su esposa también trabajaba todo el día, y la pareja compartía cuando ambos regresaban a casa al final de la jornada laboral el cuidado de los hijos y la preparación de la cena. No obstante, las más de las veces cuando Jackie le decía a Jerome que él era el único que le podía ayudar y que sin su brillantez ella tendría una noche brutal, él daba su brazo a torcer y la recibía a las 6:00.

Y no se trataba de que la esposa de Jerome le hiciera la vida difícil. No lo hacía. No se trataba de que sus hijos no gozaran de suficiente tiempo con él. Tenían tiempo. Se trataba sencillamente de que cuando llegaba a casa a las 7:30 p.m., su esposa estaba rendida, los niños todavía estaban en la bañera y la cena todavía no había sido preparada. Le recordamos a Jerome, nuestro colega y no nuestro paciente, la oportunidad siempre presente de simplemente decir no cuando esto es lo apropiado. Al evitar el estrés de decirle no a Jackie, Jerome creaba más estrés en su vida. Por ser amable ponía en movimiento una reacción en cadena que hacía daño a otras personas y generaba mucho mayor estrés en casa.

Donna accedía a tener relaciones sexuales por obligación y por temor a la respuesta enfadada de su esposo. Aunque su participación era voluntaria, su consentimiento era psicológicamente forzado, y la coerción casi siempre engendra resentimiento. Dado que el resentimiento es una señal de impotencia—resentimos lo que no podemos cambiar—generalmente lesiona la relación de la cual hace parte. Donna estaba claramente resentida con Sam por imponerse sobre ella una y otra vez. Aunque ella decía sí con su cuerpo, el entusiasmo estaba ausente de su corazón y su alma.

Helene les decía sí a clientes a quienes no quería decirles

que sí y lo hacía por el deseo de caerles bien. Temía que si decía que no, sería rechazada. Es decir, utilizaba su sí (cuando quería decir que no) para comprar afecto y apoyo.

Sally accedía todas las semanas a las peticiones de Stan de dejarle los niños, principalmente como una deferencia con su hermana. Aunque Sally tenía dos hijos propios y un esposo que viajaba con frecuencia, recibía a los hijos de Stan porque no quería causarle un estrés a su hermana. Temía que Stan se pusiera difícil con Alice y que entonces Alice tendría que asumir una parte mayor de la carga del cuidado de los niños. Sally actuaba como la hermana mayor encargada de las cosas, excepto que ya no tenían ocho y once años; tenían treinta y dos y treinta y cinco y tenían familias propias. Sally decía sí cuando quería decir no, y agravaba su estrés y se sentía más cansada cuando su esposo llegaba a casa.

Por favor comprenda; no estamos dando a entender que es fácil ser firme. Al igual que con cada una de las DestrezasVitales, la capacidad de decir simplemente no requiere práctica. Si acceder a cosas que uno no quiere hacer es un hábito, entonces ese hábito tiene que cambiar. La única forma de cambiar un mal hábito es proponérselo claramente, ensayar lo que quiere hacer de forma diferente, y luego poner en práctica regularmente el nuevo comportamiento. Si usted está acostumbrado a decir si cuando quiere decir no, esa vieja costumbre seguramente seguirá siendo durante un tiempo más fácil que decir no cuando quiere decir no. Puede haber cierto malestar cuando empieza a implementar el nuevo hábito—o cualquier hábito nuevo. Esto se aplica así se esté mudando a la alternativa más saludable de decir lo que realmente quiere decir.

Otro aspecto que hace que el decir que no sea más difícil de lo que tiene que ser es nuestra preocupación de que decir no es grosero o egoísta. Pensamos que no está bien visto expresar lo que queremos o sentimos; nos preocupa que nuestras opiniones y sentimientos no cuenten tanto como aquellos de otras personas que nos rodean. Muchos confundimos expresar lo que queremos o no queremos con ser agresivos. No es lo mismo en absoluto. Donna y Helene descubrieron que ser *firmes*—no *agresivas*—les ayudaba a sentirse mejor acerca de cómo manejar a las personas. Descubrieron que incrementaba su amor propio. Sally se sorprendió al descubrir, cuando habló sinceramente con su hermana, que Alice compartía su opinión y que pensaba que *Stan* actuaba en esto de forma descortés. De hecho, Alice se había estado preguntando ella misma por qué Sally recibía a sus hijos todas las semanas. La única información que Stan le había proporcionado era que a Sally le gustaban tanto los niños (y los primos se entendían tan bien) que Sally quería tenerlos en su casa. Alice, aliviada de haber logrado un arreglo que le facilitara su atareada vida, nunca le había preguntado a Sally si de verdad para ella no era problema.

Recuerde, no obstante, que el simple acto de negarse no constituye una *garantía* de que recibirá lo que quiere o de que las cosas resultarán bien. No garantiza éxito, pero le concede la mejor oportunidad de tenerlo. Cuando usted se niega a algo que no quiere hacer, entonces será capaz de afirmar con decisión el sí cuando esté de acuerdo con algo. Aun después de que Sally y Alice hablaron, hubo muchas semanas en que Sally recibió con mucho gusto a los niños. No obstante, los recibió cuando quería y por lo tanto lo hizo sin resentimiento. Aun después de que Helene dominó la DestrezaVital de decir no, hubo muchas ocasiones en que no tuvo inconveniente en ayudarles a los clientes con algo más allá de lo requerido. Muchos de ellos le caían bien e hizo con agrado un esfuerzo por ellos. Sin embargo, llegó a poder elegir cuáles serían esas ocasiones y a no resentirse con sus clientes por haberle pedido algo. Finalmente, Donna sí quería una vida sexual activa; simplemente quería tener voz y voto en relación a cómo y cuándo. Cuando aprendió a decirle no a Sam cuando su corazón no estaba comprometido con el acto, sus relaciones sexuales disminuyeron en frecuencia pero se volvieron mucho más apasionadas. Ahora cuando Donna dice sí, realmente lo siente.

Hay tres cosas que hacen más efectivo el acto de simplemente decir no:

1. Tenga conciencia de cuándo es apropiado decir no.
2. Conozca la diferencia entre ser firme, ser débil, y ser agresivo.
3. Practique decir no primero en situaciones sencillas y poco amenazantes y luego trasládese a retos mayores.

Miremos cada una de estas en mayor detalle. En primer lugar, diga que no solamente en situaciones apropiadas, es decir, cuando de verdad existe la opción de escoger. Si opta por decir que no a pagar los impuestos, estará infringiendo la ley. Si dice no a detenerse en el semáforo en rojo, está invitando la multa. Si tiene que terminar un informe crucial que requiere que se quede en la oficina hasta tarde un día, decir que no quizás no sea la mejor opción. Pero si la fecha de entrega apresurada sucede cada semana, usted tiene la opción de permanecer en esta compañía o de abandonarla. No culpe a su jefe por pedirle que haga algo que usted no quiere hacer: no es apropiado. Él tiene el derecho a pedir, y usted tiene el derecho a decir que no. Aprenda a decir que no cuando la opción es claramente suya.

Decir que no cuando es apropiado significa que está bien ponerse en primer lugar. No siempre tiene que ser el último de la fila o contentarse con la porción menor. Tiene derecho a ser tratado con respeto, a ser escuchado y a ser tomado en serio. También tiene el derecho a decir que no sin sentirse culpable. Si otra persona se siente mal porque usted se niega a algo, esa es la opción de esas otras personas en cuanto a su forma de reaccionar; no es necesariamente por lo que usted ha hecho.

Pero, decir no de manera apropiada significa que usted ha analizado todas las consecuencias de sus acciones. No diga que no simplemente por rabia. Analice la situación antes de decidirse a ofrecer su opinión. No tiene que decir que no como tampoco tiene que decir que sí. Puede decidir caso por caso.

La segunda herramienta que le ayudará a decir que no de manera más efectiva es poder distinguir entre ser firme, ser débil, y ser agresivo. Ser firme significa defender sus derechos, expresar sus opiniones, y compartir sus sentimientos mediante una comunicación directa, honesta y apropiada. Puede decir que no sin ser descortés. De hecho, *debe* hacerlo así. Pero así como no está bien que otros pretendan mandarlo, no está bien que usted mande a otros.

Usted es agresivo, no firme, si violenta los derechos de otras personas al tratar de defender los propios. Lo mismo se aplica a hacer caso omiso de los deseos, opiniones y sentimientos de los demás.

Ser débil significa decir que sí cuando usted quiere decir no y decir no cuando usted quiere decir sí. Significa sentirse culpable por negarse a las peticiones de otros, y creer que las necesidades de ellos son más importantes que las suyas. Ser débil significa ceder para complacer—aun cuando usted no quiere hacerlo. Cuando usted es firme, puede decir sí o no según la situación y su experiencia. Cuando usted es débil, dice que sí porque otra persona quiere que usted lo haga. Donna era débil con su esposo y Sally era débil con su cuñado, y Helene era débil con sus clientes. Cada una era débil en una situación en la que tenía una opción legítima y en la cual era apropiado decir que sí o que no.

La tercera herramienta es nuestro antiguo respaldo: la práctica. Existe una serie de formas de practicar la destreza de simplemente decir no. Si tiene algún preaviso (como en el caso de Sally todas las semanas), puede pensar con tiempo la respuesta más directa; puede visualizar lo que quiere decir y hacerse una imagen mental de usted diciéndolo amable, pero firmemente, o puede anotar lo que quiere decir. Existe una creciente documentación con base en investigaciones que indica que la capacidad de expresar sentimientos, especialmente por escrito, es de gran beneficio y mejora la salud tanto del cuerpo como de la mente. Considere los siguientes beneficios. Un estudio encontró que las personas que anotaban y ensayaban una nueva respuesta positiva a una situación estresante mejoraban la memoria y experimentaban mayor felicidad. Además, un grupo de ingenieros de algo rango a quienes se animó a expresar sus temores y otros sentimientos auténticos después de ser despedidos, encontró trabajo más rápidamente que aquellos que negaban el impacto.

Una forma ideal de empezar a poner en práctica esta destreza es diciéndole no a un amigo en un juego de roles. Su amigo puede fingir ser la persona con quien usted tiene dificultades, y usted puede practicar ser firme hasta que le empiece a resultar natural. Cuando haya alcanzado ese punto, practique decir que no a personas con quienes usted se siente lo suficientemente cómodo para ser firme. Finalmente, confronte las situaciones molestas en su vida directamente cuando ocurran. Cuando lo haga de manera apropiada y con firmeza, recordando que usted es tan dueño de sus sí como de sus no, reducirá su estrés, aumentará su autoestima, y se volverá más seguro.

Es nuestro deseo que un día todos podamos ser tan claros, firmes y directos en nuestra comunicación como la Hermana Mary Catherine, quien ingresó al Monasterio del Silencio cuando apenas era una jovencita.

El sacerdote que la recibió dijo, "Hermana, este es un monasterio silencioso. Es bienvenida a permanecer todo el tiempo que desee, pero no puede hablar hasta que yo se lo indique."

La hermana Mary Catherine vivió en el monasterio cinco años antes de que el sacerdote le dijera, "Hermana Mary Catherine, ahora que ya lleva cinco años acá, puede pronunciar dos palabras."

La hermana Mary Catherine dijo, "Cama dura."

"Lamento oír eso," le dijo el sacerdote, "Le conseguiremos una cama mejor."

Pasaron otros cinco años y el sacerdote llamó a la hermana Mary Katherine y le dijo, "Puede decir otras dos palabras, Hermana."

"Comida fría," dijo la Hermana Mary Katherine. Sacudiendo la cabeza en señal de disculpa, el sacerdote le aseguró que la comida sería mejor en el futuro.

En el decimoquinto aniversario de su estadía en el monasterio, el sacerdote llamó de nuevo a la Hermana Mary Katherine a su despacho. "Hoy puede decir dos palabras," le dijo.

"Me rindo," dijo la Hermana Mary Katherine.

"Quizás sea lo mejor," le respondió el sacerdote. "Desde que llegó no ha hecho sino quejarse."

Ejercicio de DestrezaVital: Simplemente Diga No

Propósito

El propósito de esta DestrezaVital es. . . .

- Recordarle que usted cuenta con opciones, incluyendo la opción de decir no.
- Resaltar el hecho de que, gracias a que *puede* decir que no, su sí es real y no es forzado.
- Recordarle que usted es responsable de lo que elige (y que debe elegir sensatamente).

Práctica

Cuando alguien le pide hacer algo que usted no quiere hacer:

1. Respire profunda y lentamente dos o tres veces con el abdomen.
2. Luego diga, "Necesito unos minutos para pensarlo. ¿Puedo avisarle dentro de un rato?"
3. Cuando usted ofrezca su respuesta, elija una de las siguientes: "Lo he pensado, y desafortunadamente no voy a poder ayudarle en esta ocasión. Me doy cuenta de que se sentirá decepcionado, pero es lo que he decidido"; o, "No podré ayudarle de la forma como me lo pidió; quizás juntos podamos producir una solución que nos funcione a ambos."

Consejos

- Primero, practique el decir que no con personas de su confianza, a sabiendas de que responderán bien.

- Recuerde que usted puede elegir decir no. Ofrezca la respuesta que usted *quiere* ofrecer.

- Usted no tiene que hacer algo sencillamente porque otro se lo pide.

- Si no está seguro de la respuesta que quiere dar, pida siempre tiempo para analizar la petición.

- No tiene que decir no más de lo que tiene que decir sí; la elección siempre es suya.

Aplicación

Utilice esta DestrezaVital . . .

- Cuando le piden que asuma trabajo adicional.

- Cuando le pidan que ayude en su familia una y otra vez.

- Cuando necesite resistirse a los malos hábitos de sus compañeros.

- Cuando los vendedores lo estén presionando en exceso para que compre algo que no necesita.

- Cuando un amigo quiere que lo visite y usted está cansado.

DESTREZAVITAL "SIMPLEMENTE DIGA NO":

Simplemente decir no es una manera de establecer límites, ser asertivo sin enfadarse, y comunicar lo que si quiere y no quiere hacer a usted mismo y a los otros.

CAPÍTULO 12

Acepte lo que No Puede Cambiar

Nuestra última DestrezaVital, aceptar lo que no puede cambiar, se fundamenta en la Oración de la Serenidad. Esta oración, central a los programas de 12 pasos, es una forma simple de recordarnos que encontrar paz interior hace parte continua y necesaria de la búsqueda humana. La vida puede ser dura en ocasiones, y a veces no podemos hacer nada para alterar la forma como las cosas resultan. Muchos hemos tenido experiencias difíciles con las cuales hemos tenido que reconciliarnos.

A James lo había atropellado un auto y vino a vernos porque, como consecuencia, padecía dolor crónico. James tenía apenas veintidós años y había sido un jugador estrella del equipo de voleibol de su universidad. De hecho, había sido un atleta sobresaliente desde que tenía memoria. Después del trágico accidente de auto que le fracturó la pelvis y le destrozó dos vértebras, James sufría períodos de dolor insoportable que no se aliviaba con ningún medicamento, así como de depresión, rabia al preguntarse ¿por qué yo? y una sensación de impotencia. No podía entender cómo una pérdida tan devastadora podía ocurrirle a alguien tan joven y saludable.

Dorothy resbaló y cayó justo afuera del edifico donde quedaba su oficina en un día en que el piso estaba cubierto de hielo. Ella (y la cartera y la computadora que llevaba consigo) cayeron pesadamente al suelo con tal fuerza que se fracturó en tres partes el tobillo. Dorothy tenía cuarenta años en ese entonces—era esposa, madre y corredora de bolsa de tiempo completo. La recibimos unos meses después, cuando se recuperaba del trauma y el dolor considerable.

El esposo de Francine se había mudado un par de años atrás, y rehusaba pagar los gastos de sus hijos, y no se encontraba por ninguna parte. A la edad de treinta y ocho años se había quedado con dos hijos a quienes debía criar sola, sin esposo ni apoyo financiero. En medio de dificultades financieras y estresada hasta enloquecer, Francine desarrolló problemas de cuello y espalda. Cada vez que el cuerpo le dolía, maldecía una vez más a su esposo. Él era para ella literalmente un dolor en la nuca, aunque había estado ausente más de dos años.

Cada una de estas personas tenía un alto nivel de estrés pero también sentía un tormento adicional por causa de su sensación de que la vida no había sido justa. James estaba furioso de que un accidente tan devastador pudiera ocurrirle a alguien tan joven. Dorothy argumentaba negligencia por parte de su empleador, aunque el día en que se resbaló era sencillamente uno de esos días fríos y helados en los cuales ocurren los accidentes. Francine se sentía traicionada por un hombre que le había prometido pasar la vida con ella y luego se había marchado. Cuando vinieron a vernos, ninguna de estas personas podía contemplar el poder de la aceptación—es decir, el poder llegar a estar en paz con lo que no podían cambiar. Esta incapacidad tan solo servía para exacerbar su dolor y sufrimiento.

Cada uno de estos individuos había escuchado la Oración de la Serenidad, que invita a las personas a distinguir entre aquellas cosas y eventos que pueden cambiar y aquellos que no. Se la enseñamos a las personas porque sirve como un dulce recordatorio de que los seres humanos no siempre están a cargo. Ocurren cosas que desearíamos que no hubieran ocurrido. La vida muchas veces es impredecible y dolorosa. Las personas cambian, se mudan, actúan de forma egoísta, y fracasan. No siempre sabemos qué cosas funcionarán, y con demasiada frecuencia cuando las cosas no marchan por el camino que esperábamos, reaccionamos con rabia y con la sensación de haber sido ultrajados. La Oración de la Serenidad pone de relieve una DestrezaVital que es central al Programa Sin Estrés: la sabiduría de saber distinguir cuándo discutir y cuándo aceptar.

Lo que nos llama la atención es el escaso número de personas que practican este mensaje sabio e intemporal. La expresión de la Oración de la Serenidad de los límites del control humano es dulce y sin embargo poderosa—tan poderosa que dicta la felicidad humana. Existen muchas cosas que escapan a nuestro control. James no podía controlar el auto que lo golpeó. Dorothy no podía controlar el clima. Francine no podía controlar los afectos o ubicación de su ex esposo. En respuesta a este tipo de dificultades, la sabiduría perenne de la Oración de la Serenidad dice,

> *Concédeme la serenidad para aceptar aquellas cosas que*
> *no puedo cambiar*
> *El valor para cambiar aquellas que puedo*
> *Y la sabiduría para reconocer la diferencia.*

Esta es una oración simple pero profundamente sabia. El no hacer caso de su mensaje le ocasionó a James, Francine y Dorothy un innecesario sufrimiento adicional. A lo mejor también usted necesita trabajar en la aceptación de ciertas cosas como son. En el meollo de esta DestrezaVital está el reto de hacer mejor las cosas cuando esto es posible así como también reconocer aquellas ocasiones en que usted carece del poder para cambiar la realidad. Para algunas personas, la Oración de la Serenidad tiene que ver con entregarse a un poder superior. Las personas religiosas perciben en su aceptación de lo inmodificable, una entrega a Dios. Esto les permite reconectarse con su apoyo espiritual en un momento de dificultad. No obstante, esta perspectiva no es religiosa como tal. Aunque toca asuntos de espiritualidad y convicción trascendental, hasta un agnóstico o un ateo puede percibir un poder superior, quizás en términos de las leyes de la ciencia o en la forma de códigos de ética que rigen el comportamiento. Sea cual sea la forma de esta creencia, no es tan importante como el reconocimiento de que en última instancia debemos aceptar aquello que no podemos controlar.

James iba a tener que aceptar que su carrera atlética había llegado a su fin; no jugaría otra vez voleibol en el programa más selecto de las universidades. Su pérdida era dolorosa y triste, y era definitiva. Dorothy iba a tener que aceptar que ocurren errores y que muchas veces no son culpa de nadie. No existía a quien culpar por el dolor y trastorno de su vida. Francine iba a tener que aceptar que algunos matrimonios se terminan y que no todos los cónyuges son confiables o constantes. Su pérdida de fe era profunda, y la perturbación económica y familiar tendría repercusiones de largo alcance sobre ella y sobre sus hijos.

La pregunta que le hicimos a cada una de estas personas cuando vinieron a vernos en busca de consejo tenía que ver con la sensatez de luchar continuamente contra algo que ya no se podía modificar. Le preguntamos a cada uno de ellos si servía de algún provecho para sus vidas alegar con lo que le había tocado. ¿Podía darse marcha atrás al accidente, o a la caída o a la desaparición del marido? ¿Se podía cambiar la realidad de sus vidas? Cada uno de ellos respondió que no. Comprendían que nada podía alterar el evento específico que les producía malestar. Empezaron a vislumbrar la comprensión de que el pasado es inmutable, pero que las percepciones y enfoques del presente sí pueden ser alteradas.

Al hablar con James, Dorothy y Francine, tuvimos en cuenta su necesidad de hacer un duelo. Comprendimos la importancia de expresar sus sentimientos, en particular, sentimientos de pérdida, furia, ultraje y tristeza. Cuando las cosas salen mal, las personas sienten dolor; esto es normal. Las personas necesitan darse un tiempo para procesar las pérdidas y parte de ese proceso consiste en expresar emociones negativas. Aun mientras enseñamos la DestrezaVital de la aceptación, les recordamos a todos nuestros pacientes que expresar los sentimientos dolorosos es importante e incluso necesario a medida que sanan de su dolor.

Una de las formas en que le presentamos esta DestrezaVital a James fue a través de la analogía de estar atascado en un espantoso bloqueo de tráfico—un atasco infernal. (Ya que trabajamos en la zona de la bahía de San Francisco, utilizamos la congestión en el tráfico como ejemplo de un estrés difícil). Le preguntamos a James si alguna vez había estado en un atasco causado por un accidente. Respondió, "Desde luego." Le pedimos que se uniera a nosotros en imaginar en enorme atasco de tráfico. Imagine lo siguiente, le dijimos:

Imagine que usted está en la autopista unas tres millas al sur de San Francisco. Abruptamente es obligado a desacelerar y a detenerse porque los autos delante del suyo se han detenido. Ahora no hay movimiento a la vista. Se encuentra en el carril del medio, y todavía faltan un par de millas para la siguiente salida. Para empeorar las cosas, tiene una cita importante en veinte minutos, para la cual está retrasado. Peor aun, afuera hace calor, y la contaminación es alta.

Claramente no es una experiencia agradable. Es tan solo peor para las personas en el accidente que usted sospecha hay adelante, o para cualquiera que tiene una emergencia real y no puede salirse de la fila. Usted y una cantidad de conductores están atascados, para todos es un inconveniente, van con retraso para citas de diversos órdenes, tienen calor y están cansados.

La pregunta que le hicimos a James fue, "¿Es la situación descrita una que usted podría modificar rápidamente?" Él respondió que no. Luego le preguntamos, "Atascado en el tráfico, como lo da a entender la escena descrita, ¿existe alguna cosa que usted sí puede controlar?" "Nada," respondió. Lo presionamos: "¿Nada en absoluto?" Luego agregó, "Quizás qué tanto uno se enoje."

Si uno no puede controlar el tráfico pero puede controlarse a sí mismo, ¿cómo pasa el tiempo que está atascado en el auto? ¿Repite sin cesar cuán molesto está y refunfuña por lo injusto que es un atasco en el tráfico? ¿Siente lástima por usted mismo? ¿Se queja por los terribles conductores que causan accidentes y detienen el tráfico? ¿Habla sobre lo terrible que es vivir en zonas tan pobladas? ¿Sencillamente se limita a enfurecerse en silencio? En realidad, desde luego, la gente que está atascada en el tráfico probablemente respondió con un sonoro sí a todas estas preguntas. ¿Pero esas reacciones ayudan para algo? Eso fue lo que le preguntamos a James al enseñarle esta nueva Destreza-Vital. ¿Alguna de estas respuestas le ayudarían a su estado de ánimo o al tráfico? Era evidente que no servirían para ninguna de las dos cosas.

Entonces, ¿qué hace uno? ¿Cuál es la mejor respuesta cuando no puede controlar el tráfico pero sí tiene cierto control en cuanto al nivel de disgusto? James sugirió que quizás haría una siesta aprovechando la demora. Otras posibilidades incluyen hacer algo de trabajo, observar a la gente, o contar sus bendiciones. Puesto que no había nada que pudiera hacer para despejar la vía, James tuvo que concentrar su atención en aspectos de la situación sobre los cuales podía ejercer alguna influencia. La palabra que afloró de sus labios después de pensarlo un rato fue opciones: tenía opciones. En una situación de estrés como un atasco de tráfico, podía elegir la alternativa más provechosa entre las disponibles.

¿Entonces qué se hace? ¿Cuál es la mejor respuesta cuando usted no puede controlar el tráfico pero sí tiene algo de control sobre su enfado? James sugirió hacer una siesta mientras pasaba el atasco. Otras posibilidades incluyen adelantar trabajo, observar a la gente, o contar las bendiciones. Puesto que no podía hacer nada para despejar la vía, James debía concentrar su atención en aspectos de la situación sobre los cuales pudiera ejercer alguna influencia. La palabra que afloró a sus labios después de pensar un buen rato sobre este asunto fue opciones: tenía opciones. En una situación estresante como un atasco en el tráfico, podía elegir la alternativa más útil.

Después de completar este ejercicio, le sugerimos a James que su accidente no difería gran cosa de estar atascado en el tráfico. El accidente ciertamente era más doloroso, y claramente tenía un impacto mucho más severo sobre su vida, habiéndole originado un dolor crónico e impidiéndole competir en voleibol. El atasco de tráfico imaginario no era nada comparado con el daño que James había sufrido en el accidente. Pero en la experiencia esencial de estar atascado sin que se vislumbrara una forma tangible de evadirlo, ¿no eran muy similares los casos? James no podía borrar el dolor de su cuerpo así como no podía volar mágicamente sobre el tráfico.

Con la ayuda de esta nueva DestrezaVital, James aprendió a elegir mejor. Se presentó como voluntario para enseñar voleibol a niños, aprendió herramientas (incluídas otras DestrezasVitales) con las cuales podía manejar el dolor, e inició terapia. Nuestro trabajo con James lo llevó a comprender que cuando está atascado en determinadas situaciones, por ejemplo en el tráfico, o en experiencias vitales dolorosas, es importante reconocer que tiene opciones en cuanto a la forma como reacciona.

Hemos encontrado que la DestrezaVital de la aceptación es útil para ayudarles a nuestros clientes a hacer las paces con sucesos del pasado que no pueden alterar. El accidente de James había ocurrido más de dos años atrás, y el marido de Francine se había marchado hacía casi tres años. Si hay algo que nunca cambia, por más que presionemos o cuánto valor apliquemos a tratar de cambiarlo, es el pasado. El pasado está consumado. Aunque el suceso original era inmodificable, sí podía alterarse la forma en que cada una de las personas descritas en este capítulo se relacionaba con lo sucedido. Una de las lecciones más difíciles de la vida es aceptar que nada de lo ocurrido—incluso si acaba de suceder esta mañana—puede ser alterado. La Oración de la Serenidad es una herramienta maravillosa para hacer las paces con la realidad y ha salvado a muchos pacientes de un sufrimiento innecesario.

Otra dificultad de la vida en la cual la Oración de la Serenidad funciona bien es cuando se trata de las batallas y luchas que tenemos con familiares y otras personas cercanas. Tom es un ejemplo perfecto. Era un paciente cardiaco de 45 años que se quejaba mucho de su esposa. Habían estado casados veinte años, tenían tres hijos, y poseían una linda casa. Sin embargo, Tom luchaba por aceptar varios hábitos de su esposa, en particular, su necesidad de ordenarlo todo, desde las emociones hasta dónde se guardaban las toallas de papel. Le gustaba tener su casa organizada, con cada cosa en su lugar. Tom, por otra parte, tenía un enfoque mucho más despreocupado.

Tom pasaba cada día tratando de cambiar a Sonya, su esposa, y al cabo de dos decenios todavía no había tenido éxito. Ella rechazaba todos sus ofrecimientos de consejo amistoso. Cada vez Sonya se comportaba de la manera organizada en que siempre se comportaba. Tom se sentía rechazado e infeliz. De lo que no se daba cuenta era de que su misión de cambiar a su esposa, en lugar de cambiarse a sí mismo, estaba destinada al fracaso desde el comienzo. Cuando vimos a Tom, era claro (tanto para él como para nosotros) que su deseo de cambiar a Sonya no funcionaba.

A la mayoría de las personas no les gusta que les indiquen que deben hacer las cosas de otro modo. Preferimos arreglárnoslas como mejor podamos, como siempre lo hemos hecho, en lugar de hacer caso de ideas nuevas. Muchas veces no vemos ni siquiera consejos auténticamente buenos como algo útil, sino que los condenamos como enojosos o entrometidos. Los consejos ofrecidos por familiares y amigos son menos bien aceptados que los consejos de extraños (como los terapeutas).

Aunque a nosotros mismos no nos gusta recibir consejo, esperamos que otros le den buena acogida al nuestro. Igualmente, las mismas personas que no nos escuchan son muchas veces las primeras en la fila para ofrecernos sus opiniones. Tomemos por ejemplo a Tom y a Sonya: Tom se sentía frustrado cuando Sonya no hacía caso de sus sugerencias para mejorar, pero él tampoco hacía caso de las de ella. Cuando la pareja finalmente habló con franqueza sobre este asunto, resultó ser que Sonya no estaba contenta con el carácter dominante de Tom: nos informó con regodeo sobre cuán poco él escuchaba la letanía de quejas de ella. Sonya se sentía frustada porque él siempre analizaba los comportamientos de ella, siempre trataba de cambiarla. Ella estaba contenta con su vida, aparte de la incesante intervención de Tom. Había llegado rápidamente a reconocer la cara de él que preludiaba una charla, y ella le decía que "agarrara sus opiniones y se las metiera por otro lado."

Hablamos con Tom acerca de su frustración porque su esposa no cambiaba y acerca de cuánta energía desperdiciaba en sus intentos de reforma. Le preguntamos, "¿Cómo se siente al saber que no tiene ningún poder para hacer cambiar a su esposa?" Dijo sentirse terrible. Siempre estaba descontrolado, y su relación sufría. Entonces le preguntamos si conocía la Oración de la Serenidad. Dijo que sí, y entonces nos preguntamos en voz alta si esta era una situación que se adaptaba mejor al valor o a la aceptación. Tom dijo, "He tenido todo el valor del mundo, y nada de aceptación." Le pedimos que reflexionara de qué lado estaría la sabiduría en esta situación. A medida que lo hacía, se fue tranquilizando. Dijo, "La sabiduría claramente me dice que Sonya no va a cambiar a menos que ella elija cambiar." Con este entendimiento, vislumbró el poder de aceptar lo que no se puede cambiar, y empezó a hacer planes realistas para mejorar su matrimonio.

Era claro para nosotros que Sonya haría lo que ella quería hacer, así como lo había estado haciendo los últimos veinte años. Como ya le habían demostrado a Tom dos decenios de matrimonio, su esposa era una mujer obstinada. No obstante, desde nuestra perspectiva, veíamos claramente que los dos eran muy parecidos. Tom era un hombre igualmente obstinado. Su sufrimiento se había intensificado porque él había tratado de forzar cambios cuando la aceptación habría llevado a la paz y a un matrimonio más satisfactorio.

A medida que en Tom aumentaba la conciencia de aceptar lo que no se puede cambiar, su actitud hacia su esposa mejoró. Se dio cuenta de los evidentes beneficios del estilo diferente de administrar la casa y la vida, y pudo valorar los buenos puntos. Él y su esposa invirtieron un tiempo corto y productivo en una terapia de pareja. La primera vez que lo habían ensayado, unos años atrás, había sido un fracaso porque cada uno había tratado de comprobar que el otro estaba equivocado. Esta vez la terapia facilitó el descubrimiento de aspectos en los que era posible ceder de modo que ambos pudieran vivir más fácilmente juntos.

Tom se dio cuenta de que cuando uno vive con alguien, esa persona tiene tanto derecho a sus opciones como uno tiene a las propias. A medida que la hostilidad y el resentimiento de él disminuyeron, su matrimonio mejoró—y, no por coincidencia, también mejoró su presión arterial.

Incluso frente a la sobrecogedora tarea de enfrentarse a la muerte de un pariente o amigo, la destreza de aceptar lo que no se puede cambiar es de gran beneficio. Leslie, una de nuestras pacientes, tenia un hijo que ella y su esposo amaban tiernamente. Tenían una familia unida, y ambos padres pasaban mucho tiempo con David. Leslie tenía su propia empresa de impresión, y ella y su esposo estaban seguros que su hijo se encargaría del negocio familiar cuando estuviera en edad de hacerlo. Una mañana, David se despertó quejándose de un dolor de cabeza enloquecedor. Fue llevado de urgencia al hospital donde el diagnóstico fue la presencia de un tumor cerebral inoperable y de rápido crecimiento.

La espantosa noticia fue devastadora para la familia, y trabajamos con ellos para tratar de aceptar la realidad de la situación. Cuando ocurre algo así de terrible, hacer las paces es extremadamente doloroso. Pero con el tiempo la mayor parte de las personas comprende que la muerte es parte de la vida y que no puede ser modificada.

Una de las actividades recreativas favoritas de la familia de David era navegar; todos se sentían en casa en el mar. En el transcurso de nuestra reunión con ellos, nos repitieron una bendición celta utilizada por los navegantes en la antigüedad. Utilizaban esta bendición para ayudarles a manejar las situaciones y a lograr cierta paz.

A ti la profunda paz de la ola en movimiento.
A ti la profunda paz del aire que fluye.
A ti la profunda paz del aire detenido.
A ti la profunda paz de las estrellas que brillan.
A ti la profunda paz de la dulce noche.
La luna y las estrellas viertan sobre ti su luz que sana.
A ti la profunda paz.

Cuando David falleció a las tres semanas, esta expresión orada de la serenidad fue recitada por ambos padres como un epitafio. Utilizaron la paz para empezar su proceso de duelo y con el tiempo superaron la mayor prueba a su serenidad. Por fortuna, para la mayoría de las personas las pruebas son más sencillas. Pero bien sea que nos enfrentemos a algo de grandes proporciones (como la muerte de un hijo) o pequeño (como los diversos niveles de gusto por el aseo y el orden en una pareja) todo el mundo puede beneficiarse de la Oración de la Serenidad que nos recuerda aceptar lo que no podemos cambiar y trabajar con esmero para cambiar lo que sí podemos cambiar.

Ejercicio de DestrezaVital:
Acepte lo que No Puede Cambiar

Propósito

El propósito de esta DestrezaVital es . . .

- Aprender a elegir las batallas que tienen posibilidades de ganarse.
- Aprender a practicar la paz siempre que pueda.
- Aprender a aceptar las cosas que no se pueden cambiar.

Práctica

Si se siente controlado por sus circunstancias en una situación específica—un atasco en el tráfico, por ejemplo, o por una enfermedad potencialmente letal—es importante evaluar si cuenta con opciones (como una ruta diferente o una terapia alternativa) o si no hay nada que pueda hacer para alterar las circunstancias. Si lo segundo es el caso, necesita la serenidad para aceptar aquello que es inmodificable por usted.

Intente lo siguiente para ayudarse a lograr esa serenidad:

1. Haga dos respiraciones abdominales lentas y piense en algo hermoso de su vida.
2. Recuérdese a sí mismo que para resolver el problema necesita serenidad y sabiduría, no rabia y desesperación.
3. Pregúntese, "Si no puedo cambiar esta situación, ¿qué puedo hacer para sentirme en paz con ella?"
4. Acepte plenamente su vida en cuerpo, mente y espíritu.

Consejos

- Tratar de cambiar una situación que usted no controla lleva a la frustración.
- Cuando se siente frustrado y sigue argumentando con cosas que no se pueden cambiar, usted se siente impotente y con rabia.
- Su mente y su cuerpo sufren cuando usted siente rabia.
- Sentir menos frustración le permite concentrarse en las cosas que usted hace que pueden significar una diferencia—si no en las circunstancias, al menos sí en cuanto a su respuesta.

Aplicación

Utilice esta DestrezaVital . . .

- Cuando se sienta frustrado con una situación que no desaparecerá.
- Cuando se encuentre frustrado por el comportamiento irritante de un familiar o amigo.
- Cuando tenga un revés financiero.
- Cuando no recibe el ascenso que siente que merecía.
- Cuando esté lidiando con una enfermedad crónica.
- Cuando viva circustancias cambiantes, como la jubilación o un traslado.
- Cuando fallece un ser amado.

DESTREZAVITAL "ACEPTE LO QUE NO PUEDE CAMBIAR":

Como dice la Oración de la Serenidad, "Concédeme la serenidad para aceptar lo que no puedo cambiar, el valor para cambiar aquellas que puedo, y sabiduría para reconocer la diferencia."

CAPÍTULO 13

Ningún Tiempo Como el Presente

Le hemos presentado el Programa Sin Estrés que contiene diez poderosas destrezas para cambiar la forma en que usted vive su vida. Hemos compartido con usted las historias de las personas para quienes cada una de las Destrezas Vitales ha sido provechosa. Las Destrezas Vitales en sí van desde la más simple (respiración abdominal) a otras más complejas (sencillamente decir no). Existen diez Destrezas Vitales claramente diferenciadas, pero el punto es simple: "Todos los caminos conducen a Roma." O sea, todas las Destrezas Vitales detienen el estrés. Todas las Destrezas Vitales lo harán más saludable y feliz.

El programa funciona bien sea que usted empiece con la habilidad más pertinente a los problemas que enfrenta en el momento o que empiece con la primera destreza que ofrecemos. Una vez que aprende una, se vuelve más fácil aprender las demás e implementarlas. Al igual que con una caja de herramientas, mientras más destrezas tenga, mayor será su habilidad de manejar cualquiera de las situaciones difíciles de la vida. Al tener las Destrezas Vitales en su caja de herramientas cuenta con el poder de crear mayor felicidad, sentirse más realizado y gozar de salud óptima. De modo que le recordamos que empiece con cualquier DestrezaVital . . . y lo exhortamos a hacerlo *ya mismo*. Cada DestrezaVital tarda unos diez minutos en aprenderse. Piense en que es realmente muy poco tiempo. Es más o menos el tiempo que se gasta cada día en la ducha, o en vestirse y amarrarse los zapatos, o en lavarse los dientes y cepillarse el cabello.

Quizás le parezca que esto suena excesivamente optimista, pero nuestras investigaciones y nuestra práctica clínica confirman que estas DestrezasVitales se pueden aprender en diez minutos—y que *funcionan*. Una vez aprendida, la práctica de cada DestrezaVital tarda apenas entre quince segundos y un minuto. Lo más importante es que a medida que practica, su mente y su cuerpo sentirán resultados positivos en unos seis a diez segundos.

Las DestrezasVitales que ofrecen los beneficios más inmediatos son las dos que tienen que ver con el aprecio—el aprecio por otras personas y por la vida misma, y el aprecio por sí mismo (en el que usted se concentra en el bien que usted hace). Los diversos aspectos del poder del aprecio funcionan casi instantáneamente para reducir el estrés y para aumentar la felicidad. Piénselo. Puede percibir resultados inmediatos a partir de una práctica muy breve. Puede sentirse mejor casi instantáneamente, independientemente de dónde se encuentre o qué esté haciendo. Recuerde nuestro mantra: diez minutos para aprender, un minuto para practicar, y un resultado poderoso en diez segundos. No existe prácticamente nada más que usted pueda aprender que ofrezca tanta potencia por dólar invertido y que sea tan importante para la salud de su cuerpo, mente y relaciones.

Cada una de las Destrezas Vitales en el Programa Sin Estrés es engañosamente simple pero asombrosamente poderosa. En nuestras investigaciones y práctica clínica con muchas personas que se enfrentan a una diversidad de problemas se ha comprobado que funcionan. Estas destrezas han sido utilizadas por muchas personas en todas partes del mundo para reducir su sufrimiento y para mejorar su salud. Recuerde, no obstante, que leer este libro será tan solo el comienzo. Leer pasivamente el libro empieza a darle los resultados que merece y desea, pero debe practicar y aplicar en su vida las destrezas concretas para percibir el beneficio total.

Leer un libro sobre una dieta no produce pérdida de peso; leer un manual sobre cómo conducir no le enseñará a conducir; y ver un vídeo sobre ejercicio no lo pondrá en forma. Igualmente, tan solo leer este libro no es suficiente. Sin embargo, es un buen comienzo. Hemos descubierto que la gente percibe un beneficio inmediatamente porque las Destrezas Vitales son tan simples y fáciles de comprender.

Para cambiar su experiencia de estrés e incrementar su felicidad, necesita utilizar las Destrezas Vitales regularmente. Le hemos mostrado, a través de la vida de las personas con quienes hemos trabajado, qué tan rápidamente funcionan las destrezas y cómo benefician tanto su mente como su cuerpo. No obstante, es imposible hacer demasiado énfasis que para lograr un benefi- cio total, debe *poner en práctica* las DestrezasVitales. Necesita hacer respiración abdominal y visualizar el éxito y simplemente decir no cuando sea apropiado.

Recuerde practicar la respiración abdominal cuando esté bajo estrés y necesite calmarse. Ensaye poner en práctica la apreciación de usted mismo cuando esté de buen ánimo y quiera mejorar un buen momento. Cultive la apreciación cuando se sienta abrumado. Los pocos momentos dedicados sencillamente a notar los colores de un bello atardecer o sim- plemente a permitir que su hijo le derrita el corazón, lo revivi- rán. Cuando sea difícil ver el camino a seguir, visualice el éxito y viva el don de ver que es posible lograr un buen resultado. Aprenda sencillamente a decir que no, cuando sea apropiado, para reducir el estrés y afirmar el valor de *usted mismo*. Para cal- marse en las situaciones más difíciles, practique el sistema de tensar para relajar. Trabaje duro para mejorar lo suyo pero acepte lo que no puede cambiar, y así solidifica las bases de la buena salud mental.

Existe una maravillosa historia relacionada con Ram Dass, el maestro de la meditación que nos gusta contar acerca de la práctica regular. Después de una de sus conferencias en Nueva York, una mujer del público le preguntó a Ram Dass cuánto meditaba cada día. Él respondió, "Tres minutos." Hubo en todo el público un murmullo de incredulidad. ¿Tres minutos y usted es un famoso maestro de meditación? Con una sonrisa, Ram Dass les dijo, "Sí, yo medito cada día durante tres minutos, ¡lo cual es mucho mejor que no meditar cada día durante treinta minutos!"

Si usted ya ha empezado a poner en práctica estas DestrezasVitales ya sabe que funcionan. Conoce el poder de estas estrategias simples. Disfrute el trabajo que haga con el Programa Sin Estrés y obsérvese, momento a momento, crear una vida nueva. Unos cuantos minutos de paz, un momento de apreciación, la capacidad de ver cosas buenas en el futuro—esta es su meta y su premio. La experiencia de la paz, la calma, el aprecio muchas veces lleva a gozar de mejor salud, menor tensión y dolor muscular, y menos dolores de cabeza. Lo que surge con la práctica regular es la elusiva felicidad momento a momento— algo que todos nos merecemos.

Muchas veces se ha dicho que lo que cuenta es el camino, no el destino final. Ese camino es su vida. Las DestrezasVitales no son simplemente otro ítem en su lista de pendientes. Estas estrategias esenciales cambiarán el lente a través del cual usted mira su vida. Para la mayor parte de las personas, ese lente se hace más claro mientras más se practique, y a través de un lente cristalino emerge la belleza de la vida. El resultado es la felicidad, una vida Sin Estrés, y una disminución de los dolores y achaques.

La práctica a largo plazo de algunas o de todas las DestrezasVitales da relieve a los resultados de su práctica diaria y le ayuda a crear una salud física óptima. Cuando usted practica una DestrezaVital, la mejoría se inicia de inmediato. Pero muchas veces tarda entre diez y doce semanas desenterrar una forma disfuncional de ver/pensar/comportarse y remplazarla por un enfoque nuevo. Llegamos a la conclusión de este cronograma de entre diez y doce semanas después de analizar la visión científica actual del funcionamiento básico del cerebro y del sistema nervioso. Se ha comprobado que este cronograma es preciso cuando se hace seguimiento del buen estado físico, los efectos de la fisioterapia, las dietas, la interpretación de un instrumento musical, el desarrollo de una habilidad atlética, y virtualmente todos los aspectos de la vida en los cuales se requiere aprender una nueva destreza. De modo que practique, disfrute el impulso que usted recibe cada vez que practica, y sea paciente mientras que se desenvuelven los cambios a largo plazo.

Quizás una de las lecciones más profundas que se desarrolla a partir de trabajar con el Programa Sin Estrés es que en gran medida es usted quien crea la forma como aparece el mundo. Usted no puede controlar el clima, los sucesos internacionales, la montaña rusa del mercado de la bolsa de valores, el mal comportamiento de sus hijos, las exigencias de su trabajo, o el inevitable deterioro de la edad. Pero usted puede modificar su reacción a estos sucesos de la vida.

Lo que usted elige tiene mucho que ver con la creación de la calidad de su vida. Una forma de responder a la vida es a través del aislamiento, la terquedad, la amargura, y/o la impotencia. Por contraste, podemos elegir apreciar y responder a los retos inevitables que todos enfrentamos. Las Destrezas Vitales son las herramientas con las cuales tomamos control de nuestra vida. Hemos visto cantidades de personas que sufren y comprendemos que la vida es difícil, la salud es precaria, y las personas pueden ser poco confiables. Los pacientes nos recuerdan cada día que el cambio y la transición son dolorosos y que las cosas salen mal. Aunque todas estas cosas son verdad, es importante recordar que usted siempre tiene la opción acerca de cómo responder.

Usted determina en gran medida el impacto que los sucesos de su vida tienen sobre su experiencia y usted siempre tiene una opción. Existe una frase famosa de Mae West, quien en 1938 dijo, "Cuando tengo que escoger entre dos males, siempre elijo el que no he probado antes." En general, usted puede reaccionar como una víctima o como un creador activo de una experiencia más positiva. Queremos que elija ser el creador. Queremos que elija la felicidad y el bienestar. Queremos que se una a las miles de personas que se han beneficiado del Programa Sin Estrés. Queremos que goce de mejor salud, mayor felicidad y mejor desempeño. Este mensaje sobre el poder de la elección es consistente con todas las formas de meditación y oración que han surgido de las enseñanzas espirituales del mundo desde el comienzo de los tiempos.

Si usted ya está utilizando las Destrezas Vitales, quizás se pregunte cómo sabrá si una determinada Destreza Vital está funcionando. Muchas personas han compartido con nosotros las señales indicativas que aparecen a medida que las Destrezas Vitales hacen efecto. En primer lugar, usted se da cuenta de que se vuelve más fácil recordar y utilizar la Destreza Vital con la cual está trabajando; en efecto, la nueva destreza se convierte en un

hábito, y usted la utiliza con creciente facilidad y flexibilidad.
Cuando usted practica una DestrezaVital como la respiración
abdominal, se da cuenta de que la sensación interior de equilibrio, quietud, y ecuanimidad dura más tiempo. Finalmente,
usted se da cuenta de que la paz que experimenta se hace más
profunda. Pasa cada vez más tiempo en su zona de desempeño
óptimo.

A medida que esto ocurre, usted reconoce que no pierde tan
fácilmente el equilibrio interior. Cuando está atascado en el
tráfico, recibe buenas o malas noticias acerca de sus acciones o
acerca de las notas académicas de su hijo, o tiene que trabajar
hasta tarde bajo la presión de una entrega, se mantiene más
centrado. Esto no quiere decir que usted se vuelve indiferente o
pasivo, pero debido a su práctica usted sabe que puede manejar
las situaciones difíciles. A medida que ve que puede enfrentarse
con éxito a los retos y a la vez permanecer en calma, las experiencias negativas tienen menos poder.

Entre la primera práctica de una DestrezaVital y los resultados positivos a largo plazo, los pacientes reportan una modifica-
ción que va de *creer* que pueden utilizar las DestrezasVitales
para crear una vida más satisfactoria a *saber* a ciencia cierta que
así es. Nuestros pacientes exitosos despliegan una seguridad que
nadie les puede quitar. Se sienten bien, y saben que se sienten
bien. Saben también que su éxito proviene de su esfuerzo y no
de la suerte o el azar.

En una famosa entrevista de televisión en la BBC con el Dr.
Carl Jung, hacia el final de su vida, el entrevistador le preguntó

a Jung si, como científico y psiquiatra que exploraba las profundidades de la mente, él creía en Dios. En la filmación, Jung se inclina hacia delante, mira intensamente sobre sus anteojos, y asegura muy firme y claramente, "No es que crea, ¡es que sé!" La experiencia y práctica de su vida habían transformado su creencia en una certeza. Esta certeza del éxito es nuestra meta definitiva. Es la meta para usted, para todos nuestros pacientes, y también para nosotros.

Usted puede empezar a utilizar las DestrezasVitales independientemente de en qué punto de su vida esté. Usted nunca está demasiado viejo o demasiado joven. Existe una expresion bien conocida expresión que dice, "La vida es lo que ocurre mientras que usted está ocupado haciendo otros planes." No permita que la vida se le escape; utilice todo lo que ha aprendido en este libro y tome las riendas de su vida. Con la práctica, tomar decisiones mejores y más positivas, tanto en el trabajo como en casa, se volverá algo normal. No se trata de una idea abstracta sino de la realidad de saber que usted tiene el poder de controlar su estrés, buscar lo bueno en su vida, y optar por lo mejor cada vez.

Por último, pero no menos importante, las DestrezasVitales proporcionan un fundamento para el cambio que usted puede utilizar como un trampolín para llegar a otros cambios que son una afirmación de la vida. Según ha visto a partir de las historias que contiene este libro, el Programa Sin Estrés les ha ayudado a nuestros pacientes a mejorar su dieta, el ejercicio, y la carrera; les ha permitido el buen uso de los medicamentos; ha mejorado la comunicación y las relaciones y, desde luego, ha reducido el estrés. Cada destreza proporciona la calma y el equilibrio emocional que se requiere para hacer cambios vitales perdurables. Esa paz y esa calma le ayudan a darse cuenta de que este es de verdad el primer día del resto de su vida y que usted puede empezar en fresco hacia mayor salud y felicidad. ¡Lo único que necesita son las herramientas que hay en este libro y la disposición para practicarlas!

Epílogo

Lo único que tiene que hacer es trabajar con el Programa Sin Estrés como lo hizo Margaret, y los resultados positivos no se harán esperar. Margaret es un ejemplo perfecto de una persona que culminó con éxito el Programa Sin Estrés. Utilizamos la historia de Margaret en este caso para poner de relieve los puntos centrales de este libro: practique donde pueda, practique a menudo, tenga paciencia, y recuerde que las Destrezas Vitales le tomarán tan solo unos minutos al día y que el Programa Sin Estrés funciona en su cuerpo y en su mente. También contamos la historia de Margaret porque, desde el comienzo, su éxito estaba lejos de estar garantizado. Trabajamos con Margaret extensivamente para ayudarle a romper el hábito de correr sin parar y por ende liberarse del estrés y el dolor resultantes.

Cuando conocimos a Margaret, estaba exhausta, pero parecía sufrir apenas de una vida recargada. Pronto nos dimos cuenta de que el frenesí de la vida cotidiana de Margaret era su problema. El estar tan atareada la dejaba con déficit de descanso y con dolores de espalda crónicos. No separaba suficiente tiempo para estar con su esposo, y su vida matrimonial se había vuelto muy insatisfactoria. Margaret sentía a sus hijos como una carga, y la falta de descanso hacía que anduviera de mal humor. Para ir al grano: Margaret estaba fundida y bajo estrés.

En nuestra primera reunión le enseñamos a Margaret dos DestrezasVitales: Desacelerar, y Apreciar. La orientamos en ambas prácticas y hablamos de las formas en las que podía utilizarlas en la vida. Luego nos dimos cita para verla en dos semanas y la enviamos a casa. Margaret se fue a casa y rápidamente se olvidó de practicar. Cuando regresó al cabo de dos semanas, nos informó que el Programa Sin Estrés no funcionaba y que no tenía muchas razones para hacer otra cita.

Cuando le preguntamos por las dos semanas entre visitas, nos enteramos de que, justo al Salir del hospital, Margaret ya estaba de nuevo en doble transmisión. Se hacía mentalmente la lista interminable de oficios pendientes y refrescaba mentalmente su resentimiento con su esposo por no colaborar. Al cabo de unos diez minutos, la idea de desacelerar se presentaba como otro peso. Sentía que no tenía nada que apreciar. Para cuando llegó a casa, nuestra consulta era apenas un recuerdo y la espalda le molestaba.

Durante la segunda visita, orientamos a Margaret en el simple pero poderoso ejercicio de caminar más lentamente. Recorrimos despacio los pasillos del hospital, conversando acerca de dar gracias por sus piernas y por el hecho de que gozaban de movimiento. Hablamos sobre sus encantadores hijos. Y cada vez que aceleraba la marcha—de la caminada o de la conversación, sencillamente le pedíamos que respirara profundo. A medida que respiraba, le recordábamos que muchas personas en el hospital estarían contentas de cambiar su vida de enfermos por la vida atareada de ella.

En la sesión posterior de análisis, Margaret rompió a llorar. Dijo que no podía imaginar que su esposo, sus amigos, sus hijos y sus compañeros de trabajo pudieran tolerar que ella se tomara un tiempo para sí misma. Tuvimos un asomo de las increíbles presiones que experimentaba y el poco espacio que sentía que tenía para ser ella misma. Le explicamos un poco sobre cómo el estrés del Tipo 2 hace sentir a las personas como si siempre les estuvieran apuntando con un arma, y le ofrecimos comprensión por las exigencias que enfrentaba. También le preguntamos, al final de una caminada lenta en la cual apreciamos cosas, si sentía la espalda menos tensa, y ella respondió que sí.

Teniendo en cuenta cuán rápidamente Margaret había olvidado las lecciones de nuestra primera visita, le pedimos que hiciera dos cosas por nosotros: en primer lugar, le pedimos que, cuando estuviera saliendo del hospital, se desacelerara y apreciara la belleza del día, y que, una vez que iniciara el motor del auto, diera gracias por su buena fortuna. En segundo lugar, le pedimos que nos enviara un correo electrónico cada treinta y seis horas con una lista de cosas que hubiera apreciado. Al comienzo sus listas de aprecio eran cortas, pero con el tiempo cada vez se hicieron más detalladas. Margaret empezó a tomarse unos instantes cuando entraba al supermercado para maravillarse con la enorme selección de alimentos. Empezó a ponerse a controlarse cuando se daba cuenta de que se estaba apresurando, y empezó a caminar con paciencia, al principio solamente unos minutos. Empezó a respirar profundamente y a apreciar el sol que tenía disponible casi todos los días. Daba regularmente gracias a sus amigas por la atención que le daban. Se dio cuenta de lo afortunada que era de tener una casa en un vecindario seguro, en un país libre. Lo más importante de todo fue que empezó a notar las inmensas presiones que tenía su marido y el esfuerzo que él hacía por su familia.

Lo que Margaret aprendió y que sintió que más le servía era que andar a las carreras generalmente no la hacía más productiva. Desacelerarse cuando caminaba, prestar atención al manejar, y comerse sus alimentos con concentración permitió que empezara a surgir el sabor de los alimentos. Durante nuestra tercera reunión, Margaret estaba describiendo su éxito y expresando insatisfacción por el ritmo de los cambios. La espalda le dolía menos pero el dolor no había desaparecido del todo y todavía sentía que no tenía suficiente tiempo. Nos reíamos en silencio: he acá una mujer tan apurada que tenía que lograr desacelerarse de un día para otro.

Le recordamos a Margaret que la práctica requiere tiempo. Requiere tiempo aprender a correr, correr, correr—y toma tiempo desacelerarse, prestar atención y apreciar el momento presente. En esta ocasión cuando salió de la sesión, le dimos otra tarea: que le contara a su esposo al final de cada día, algo que hubiera hecho con atención lenta y profunda y algo que hubiera apreciado. Nos encantó enterarnos de que Margaret empezó a utilizar ese tiempo para decirle a su esposo cosas que apreciaba en él.

Tuvimos una sesión más con Margaret antes de percibir suficiente calma en su ademán para considerar que había salido del bosque. La espalda rara vez le molestaba. Cuando le molestaba, ella era consciente de que estaba apreciando demasiado poco y apurándose demasiado, y sabía cómo cambiar sus hábitos. Se requirieron unas sesiones de seguimiento antes de que nos sintiéramos lo suficientemente cómodos con su progreso para dejar de verla del todo; necesitó refuerzos esporádicos en caminar despacio, en apreciar las cosas simples de la vida, y en hacer las cosas con atención. En una de esas sesiones, reconoció que cuando llegó a casa después de la primera sesión con nosotros, le había dicho a su esposo que había visto dos sicólogos chiflados que le habían dicho que imaginara que su vaso estaba lleno hasta la mitad y no medio vacío y que se desacelerara. Se habían reído juntos, diciendo, "¡Y para eso tuvo que ir al Hospital de Stanford y ver a dos loqueros!" Este relato fue la introducción para contarnos lo que su esposo había dicho la víspera—que esos sicólogos chiflados le habían hecho un beneficio enorme a su matrimonio, y que por favor recordara de darnos las gracias en su nombre.